# Exportpreise richtig kalkulieren und erfolgreich verhandeln

Hatto Brenner · Werner Dörfler

# Exportpreise richtig kalkulieren und erfolgreich verhandeln

Kalkulatorische Rahmenbedingungen für die Festlegung von Auslandspreisen

Hatto Brenner  
Erlangen, Deutschland

Werner Dörfler  
Erlangen, Deutschland

ISBN 978-3-658-08443-1     ISBN 978-3-658-08444-8  (eBook)  
DOI 10.1007/978-3-658-08444-8

Die Deutsche Nationalbibliothek verzeichnet diese Publikation in der Deutschen National-bibliografie; detaillierte bibliografische Daten sind im Internet über http://dnb.d-nb.de abrufbar.

Springer Gabler  
© Springer Fachmedien Wiesbaden GmbH 2017  
Das Werk einschließlich aller seiner Teile ist urheberrechtlich geschützt. Jede Verwertung, die nicht ausdrücklich vom Urheberrechtsgesetz zugelassen ist, bedarf der vorherigen Zustimmung des Verlags. Das gilt insbesondere für Vervielfältigungen, Bearbeitungen, Übersetzungen, Mikroverfilmungen und die Einspeicherung und Verarbeitung in elektronischen Systemen.  
Die Wiedergabe von Gebrauchsnamen, Handelsnamen, Warenbezeichnungen usw. in diesem Werk berechtigt auch ohne besondere Kennzeichnung nicht zu der Annahme, dass solche Namen im Sinne der Warenzeichen- und Markenschutz-Gesetzgebung als frei zu betrachten wären und daher von jedermann benutzt werden dürften.  
Der Verlag, die Autoren und die Herausgeber gehen davon aus, dass die Angaben und Informationen in diesem Werk zum Zeitpunkt der Veröffentlichung vollständig und korrekt sind. Weder der Verlag noch die Autoren oder die Herausgeber übernehmen, ausdrücklich oder implizit, Gewähr für den Inhalt des Werkes, etwaige Fehler oder Äußerungen. Der Verlag bleibt im Hinblick auf geografische Zuordnungen und Gebietsbezeichnungen in veröffentlichten Karten und Institutionsadressen neutral.

Gedruckt auf säurefreiem und chlorfrei gebleichtem Papier

Springer Gabler ist Teil von Springer Nature  
Die eingetragene Gesellschaft ist Springer Fachmedien Wiesbaden GmbH  
Die Anschrift der Gesellschaft ist: Abraham-Lincoln-Str. 46, 65189 Wiesbaden, Germany

# Vorwort

Nahezu die Hälfte der Umsätze aller deutschen Unternehmen werden mit Kunden im Ausland getätigt. Der deutsche Exporteur muss beim Aufbau und bei der Abwicklung derartiger Auslandsgeschäfte verschiedenartige Besonderheiten berücksichtigen, die u. a. mit der anderen Kultur, der anderen Sprache und insbesondere auch mit den anderen Konsumgepflogenheiten verbunden sind.

Die daraus resultierenden Maßnahmen bei der Produktion, beim Marketing und beim Vertrieb finden ihren Ausdruck, auch in zusätzlichen Kosten, die bei der Kalkulation des Auslandspreises zu berücksichtigen sind.

Grundsätzliche Vorteile von Exportaktivitäten sind Umsatzausweitung und höhere Gewinne. Damit das Auslandsgeschäft tatsächlich zu einem Erfolg wird, ist es erforderlich, dass der Auslandspreis alle anfallenden Kosten deckt und einen Gewinn ermöglicht.

In diesem Fachbuch werden die Auslandsgeschäfte unter Berücksichtigung der Besonderheiten bei der Kalkulation des Auslandspreises behandelt. Die Autoren verfügen über langjährige Erfahrungen beim Aufbau und bei der Abwicklung von Auslandsgeschäften und geben praxisorientierte Ratschläge für die Kalkulation des „richtigen" Exportpreises.

Erlangen, Deutschland                  Dipl.-Wirtsch.-Ing. Hatto Brenner
                                       Dipl.-Bw. (FH) Werner Dörfler

# Inhaltsverzeichnis

| | | |
|---|---|---|
| **1** | **Die Bedeutung des Exports für Deutschland** ................... | 1 |
| | Literatur ................................................. | 4 |
| **2** | **Export-Kennzahlen** ....................................... | 5 |
| | Literatur ................................................. | 6 |
| **3** | **Besonderheiten der Auslandsgeschäfte und daraus resultierende Maßnahmen für den Exporteur** .................. | 7 |
| | 3.1 Einflussfaktoren auf den Exportpreis ..................... | 7 |
| | 3.2 Der Exportpreis als wichtiges Element des Exportangebotes .... | 7 |
| **4** | **Einfluss der Zahlungsbedingungen auf den Exportpreis und ihre Bankkosten** ....................................... | 11 |
| | 4.1 Übersicht über die Zahlungsbedingungen .................. | 11 |
| | 4.2 Die einzelnen Zahlungsbedingungen ...................... | 13 |
| |     4.2.1 Die Vorauszahlung und die Anzahlung .............. | 13 |
| |     4.2.2 Die Zahlung auf Akkreditivbasis (Documentary Letter of Credit, L/C) .......................... | 14 |
| |     4.2.3 Das Dokumenteninkasso ........................ | 21 |
| |     4.2.4 Die Zahlung gegen Rechnung ..................... | 23 |
| |     4.2.5 Das Offene Zahlungsziel ........................ | 24 |
| | 4.3 Zusammenfassung der Bankkosten im internationalen Zahlungsverkehr ....................................... | 25 |
| |     4.3.1 Einfache Zahlungen = clean payments .............. | 25 |
| |     4.3.2 Dokumentenzahlungen ......................... | 26 |

| 5 | Einfluss der Lieferbedingungen auf den Exportpreis | 29 |
|---|---|---|
| | 5.1 INCOTERM-Klausel EXW (Ex Works; Ab Werk), benannter Lieferort. | 30 |
| | 5.2 INCOTERM-Klausel FCA (Free Carrier; Frei Frachtführer), benannter Lieferort. | 31 |
| | 5.3 INCOTERM-Klausel CPT (Carriage paid to; Frachtfrei), benannter Bestimmungsort. | 31 |
| | 5.4 INCOTERM-Klausel CIP (Carriage and Insurance paid to; Frachtfrei versichert), benannter Bestimmungsort. | 32 |
| | 5.5 INCOTERM-Klausel DAT (Delivered at Terminal; benannter Terminal), im Bestimmungshafen/-ort | 33 |
| | 5.6 INCOTERM-Klausel DAP (Delivered at Place; geliefert benannter Ort), benannter Bestimmungsort | 33 |
| | 5.7 INCOTERM-Klausel DDP (Delivered Duty paid; geliefert verzollt), benannter Bestimmungsort | 34 |
| | 5.8 INCOTERM-Klausel FAS (Free alongside Ship; Frei Längsseite Schiff), benannter Verschiffungshafen | 34 |
| | 5.9 INCOTERM-Klausel FOB (Free on Board; Frei an Bord), benannter Verschiffungshafen | 35 |
| | 5.10 INCOTERM-Klausel CFR (Cost and Freight; Kosten und Fracht), benannter Bestimmungshafen | 35 |
| | 5.11 INCOTERM-Klausel CIF (Cost, Insurance and Freight; Kosten, Versicherung und Fracht), benannter Bestimmungshafen | 36 |
| | 5.12 Kosten der Transportverpackung | 36 |
| 6 | Die Exportfinanzierung mit Banken | 39 |
| | 6.1 Laufzeiten der Exportkredite | 39 |
| | 6.2 Kurz- und mittelfristige Lieferantenfinanzierungen. | 39 |
| |     6.2.1 Der Barkredit = Kontokorrentkredit | 40 |
| |     6.2.2 Der Wechseldiskontkredit | 40 |
| |     6.2.3 Sonderkredite am internationalen Euromarkt | 40 |
| |     6.2.4 Der Avalkredit | 40 |
| |     6.2.5 Projektfinanzierungen | 40 |
| |     6.2.6 Die Forfaitierung | 41 |
| |     6.2.7 Das Factoring. | 41 |
| | 6.3 Die mittel- und langfristigen Finanzierungen | 42 |
| |     6.3.1 Die Risiken bei der Exportfinanzierung sind: | 42 |

| | 6.3.2 | Die Risikoabsicherungen durch die staatliche Hermesdeckung | 44 |
|---|---|---|---|
| | 6.3.3 | Der ungeliebte Lieferantenkredit | 46 |
| | 6.3.4 | Der Bestellerkredit ersetzt den Lieferantenkredit | 48 |
| | 6.3.5 | Schnelle Finanzierungen mit Besteller-Rahmenkrediten | 49 |
| | 6.3.6 | AKA - Kredite | 50 |
| | 6.3.7 | Interessante Vorteile der Forfaitierung | 51 |
| | 6.3.8 | Exportleasing | 53 |
| | 6.3.9 | Multisourcing Export Finance | 55 |
| | 6.3.10 | Die Projektfinanzierung | 56 |
| | 6.3.11 | Gegengeschäfte = Kompensationsgeschäfte | 57 |
| | 6.3.12 | Das Exportpaket und die Auftragskalkulation | 58 |
| 6.4 | | Die wichtigen Bankgarantien für den Exporteur | 59 |
| | 6.4.1 | Was ist eine Bankgarantie? | 59 |
| | 6.4.2 | Diese Garantiearten kommen häufig vor | 59 |
| | 6.4.3 | Direkte Garantien sind kostengünstiger als indirekte Garantien | 61 |
| | 6.4.4 | Die befristete und unbefristete Garantie | 62 |
| | 6.4.5 | Die Kreditkosten | 63 |
| | 6.4.6 | Kostenvorteile für den Exporteur mit dem Einsatz von Bankgarantien | 63 |
| | 6.4.7 | Risiken für den Exporteur und ihre Ausschaltung oder Begrenzung | 64 |
| 6.5 | | Optimale Absicherungen für Fremdwährungen | 64 |
| | 6.5.1 | EU und Euro | 64 |
| | 6.5.2 | Währungscharts, Kassageschäfte und Kursangaben | 65 |
| | 6.5.3 | Kassakurs und Mengennotiz | 66 |
| | 6.5.4 | Die einfachste und billigste Absicherung ist die Euro-Fakturierung | 67 |
| | 6.5.5 | Die häufigste Absicherung ist das Devisentermingeschäft | 67 |
| | 6.5.6 | Die Devisenoption mit Kurschancen | 69 |
| | 6.5.7 | Die Forfaitierung löst auch das Währungsrisiko | 70 |
| | 6.5.8 | Restrisiken bei der Wechseldiskontierung | 70 |
| | 6.5.9 | Lieferverträge mit Währungsklausel | 71 |
| | 6.5.10 | Innerbetriebliche Währungskompensation | 71 |

| | | |
|---|---|---|
| **7** | **Außenwirtschaftsrecht und Länderbestimmungen verursachen Zusatzkosten** | 73 |
| | 7.1 Nationale Rechtsgrundlagen | 73 |
| | 7.2 Länderbestimmungen | 74 |
| | 7.3 Kosten der Zertifizierung | 74 |
| | 7.4 Zusatzkosten für Gewährleistung | 75 |
| | 7.5 Kosten für Transportverpackung | 76 |
| | 7.6 Kosten der Produkthaftung | 77 |
| | 7.7 Kosten für notarielle Registrierung | 78 |
| | 7.8 Kosten der Qualitätsabnahme | 78 |
| | 7.9 Kosten für Schutzrechtanmeldungen | 79 |
| | 7.10 Kosten für die Erfüllung spezifischer Länderwünsche | 80 |
| | 7.11 Kosten für IHK-, notarielle- und konsularische Beglaubigungen auf Ursprungszeugnissen | 80 |
| **8** | **Marketing und Sales** | 81 |
| **9** | **Verhandlungen** | 83 |
| | 9.1 Verhandlungsmargen | 83 |
| | 9.2 „Nützliche" Abgaben | 83 |
| | 9.3 Preisverhandlungen unter Berücksichtigung der *Incoterms* | 84 |
| **10** | **Kalkulation des Exportpreises** | 87 |
| | 10.1 Checklisten | 88 |
| | Literatur | 91 |

# Die Bedeutung des Exports für Deutschland 1

Beim Export von Waren und Dienstleistungen sind im Vergleich zum nationalen Geschäft bei Akquisition, Vertrieb, Produktion, Finanzierung und Abwicklung zusätzliche Bedingungen und Möglichkeiten zu beachten. Sie führen zu erhöhten Kosten, aber eben auch zu höheren Umsätzen mit meist höheren Erträgen.

Zur besseren **Kalkulation** dieser interessanten Geschäfte dient dieses Buch.

Die folgenden Fakten verdeutlichen die **Bedeutung des Exports** für Deutschland (vgl. Bundeszentrale für politische Bildung 2016):

Die deutsche Wirtschaft ist in hohem Maße exportorientiert und damit auch exportabhängig. Fast jeder vierte Arbeitsplatz in Deutschland hängt vom Export ab. Gleichzeitig ist Deutschland als rohstoffarmes Land auch auf Importe angewiesen – vor allem im Energiebereich. Trotz dieser Import-Abhängigkeit liegen in Deutschland die Warenausfuhren seit Jahrzehnten über den Wareneinfuhren. Zudem wurde 2015 ein neuer Rekordüberschuss bei der Handelsbilanz erzielt: 248 Mrd. EUR (siehe Abb. 1.1).

Im Jahr 2014 wurden – bezogen auf alle Waren – 34,1 % der Inlandsnachfrage durch Importe abgedeckt. Wie hoch die Bedeutung des Außenhandels für Deutschland ist, zeigt auch die Außenhandelsquote. Die Außenhandelsquote entspricht dem prozentualen Anteil des Warenexports und -imports eines Staates/einer Region am jeweiligen Bruttoinlandsprodukt (BIP). Weltweit stieg die Außenhandelsquote von 19,1 % im Jahr 1970 auf 51,7 % im Jahr 2008. Die weltweite Finanz- und Wirtschaftskrise führte allerdings zu einem deutlichen Rückgang der Außenhandelsquote auf 42,2 % im Jahr 2009. Auch im Jahr 2014 wurde mit einer Quote von 49,1 % nicht das Vorkrisenniveau erreicht.

Anders in Deutschland: Die mit 70,2 % überdurchschnittlich hohe Außenhandelsquote des Jahres 2008 fiel zwar im Zuge der Krise auf 60,0 % im Jahr 2009, sie stieg dann aber bereits 2010 auf 67,8 % und lag 2011/2012 mit jeweils 72,7 deutlich über dem Vorkrisenniveau. Im Jahr 2014 lag die Außenhandelsquote laut der United Nations Conference on Trade and Development (UNCTAD) bei 70,7 %.

Im Jahr 2015 exportierte Deutschland nach vorläufigen Ergebnissen des Statistischen Bundesamtes Waren im Wert von 1195,9 Mrd. EUR und importierte im Gegenzug Waren im Wert von 948,1 Mrd. EUR Insgesamt erhöhte sich der Warenexport beziehungsweise der Warenimport in den Jahren 1980 bis 2015 jährlich um 5,6 beziehungsweise 5,0 %. Krisenbedingt verringerten sich die Einfuhren von 2008 auf 2009 um 17,5 %. Der Rückgang bei den Ausfuhren fiel mit einem Minus von 18,4 % sogar noch etwas höher aus. Zwischen 2009 und 2010 nahmen sowohl die Importe (plus 19,9 %) als auch die Exporte (plus 18,5 %) sehr stark zu und durch das erneut überdurchschnittliche Wachstum der Im- und Exporte von 2010 auf 2011 (plus 13,2 bzw. 11,5 %) wurden 2011 neue Höchstwerte bei den Im- und Exporten erzielt. In den Jahren 2011 bis 2014 waren die Veränderungen nicht so ausgeprägt – im gesamten Zeitraum nahmen die Importe um 0,8 % und die Exporte um 5,9 % zu. Von 2014 auf 2015 fiel sowohl das Wachstum des Warenimports als auch des Warenexports wieder stärker aus (plus 4,2 bzw. 6,4 %).

Im Jahr 2008 konnte Deutschland seinen Titel als „**Exportweltmeister**" noch knapp gegen China verteidigen – sechsmal in Folge exportierte Deutschland mehr Waren als jedes andere Land. 2009 wurde Deutschland jedoch klar von **China** abgelöst. Nach Angaben der UNCTAD konnte China seinen Vorsprung gegenüber Deutschland im Jahr 2014 auf rund 835 Mrd. US$ vergrößern. Zudem lagen in den Jahren 2010 bis 2014 auch die USA wieder vor Deutschland.

Eine ganz andere Rangfolge ergibt sich, wenn der Warenexport pro Kopf verglichen wird: Bei dieser Betrachtungsweise lagen im Jahr 2014 die Handelsdrehscheiben Singapur und Hongkong an vorderster Stelle. Innerhalb Europas nahmen Belgien, die Niederlande, die Schweiz und Luxemburg Spitzenpositionen ein. Deutschland kam nach dieser Rechnung noch in die Top 20 von 218 Staaten/Gebieten (Rang 17), lag damit aber weit vor den USA (Rang 55) und China (Rang 91). Entsprechend entfielen auf Deutschland von den weltweit getätigten Warenexporten des Jahres 2014 überdurchschnittliche 7,9 % – bei einem Anteil von 1,1 % an der Weltbevölkerung.

In allen Jahren seit 1952 wurden mehr Waren aus Deutschland ausgeführt als eingeführt. In den zwölf Jahren 2004 bis 2015 lag der Handelsbilanzüberschuss dabei elfmal bei mehr als 150 Mrd. EUR Und auch 2009 war die Handelsbilanz trotz der Finanz- und Wirtschaftskrise und der hohen Exportabhängigkeit Deutschlands positiv (138,7 Mrd. EUR). Nach vorläufigen Ergebnissen des Statistischen Bundesamtes wurde 2015 mit 247,9 Mrd. EUR der bisher

# 1 Die Bedeutung des Exports für Deutschland

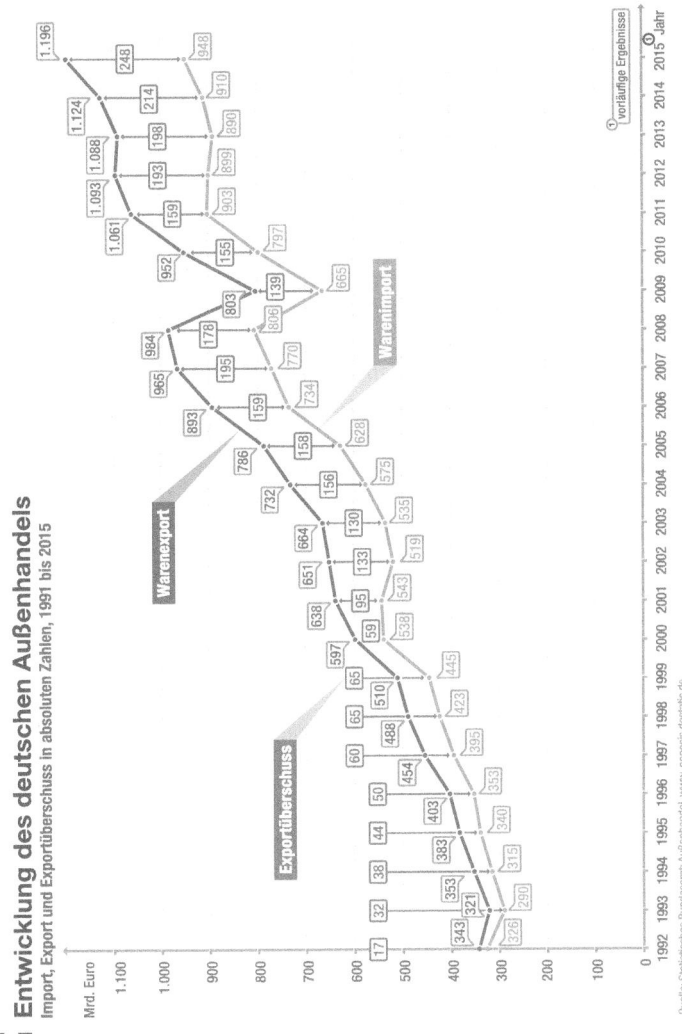

**Abb. 1.1** Entwicklung des deutschen Außenhandels. (© Statistisches Bundesamt, Wiesbaden 2016)

höchste Handelsbilanzüberschuss erzielt. Auf die beiden vorangehenden Jahre entfielen der zweit- und dritthöchste Überschuss (2014: 213,6 Mrd. EUR/2012: 197,6 Mrd. EUR).

Die hohen Handelsbilanzüberschüsse tragen maßgeblich dazu bei, dass auch die Leistungsbilanz Deutschlands seit einschließlich 2002 durchgehend positiv ist. Die Leistungsbilanz fasst verschiedene Bilanzen zusammen – unter anderem die Handels- und die Dienstleistungsbilanz. Der Leistungsbilanzüberschuss Deutschlands stieg zwischen 2003 und 2007 von 31,2 auf 169,6 Mrd. EUR Auch in den Krisenjahren 2008 und 2009 konnten mit 143,3 beziehungsweise 141,1 Mrd. EUR hohe Überschüsse erzielt werden. Bis 2012/2013 erhöhte sich der Leistungsbilanzüberschuss wiederum auf 190,7 beziehungsweise 182,4 Mrd. EUR.

Schließlich wurde im Jahr 2015 mit einem Leistungsbilanzüberschuss in Höhe von 249,1 Mrd. EUR **der bisherige Höchstwert** erreicht. Dabei betrug der Überschuss der Warenhandelsbilanz nach Angaben der Deutschen Bundesbank 261,2 Mrd. EUR Die Bilanz der Primäreinkommen war im Jahr 2015 ebenfalls positiv (plus 65,2 Mrd. EUR). Negativ waren hingegen erneut die Dienstleistungsbilanz (minus 37,2 Mrd. EUR) und die Bilanz der Sekundäreinkommen (minus 40,2 Mrd. EUR).

Hauptausfuhrgüter waren Kraftwagen und Kraftwagenteile.

Die wichtigsten **Handelspartner** für Deutschland sind die Mitgliedstaaten der Europäischen Union mit rund 60 % des deutschen Außenhandelsumsatzes.

## Literatur

Bundeszentrale für politische Bildung (2016) Entwicklung des deutschen Außenhandels. http://www.bpb.de/nachschlagen/zahlen-und-fakten/globalisierung/52842/aussenhandel

# Export-Kennzahlen 2

1. Wichtige Welt-Exportländer (Ausfuhren im Jahr 2015 in Mrd. $) (WTO 2015)
   - China         2275 Mrd. $
   - USA           1505 Mrd. $
   - Deutschland   1329 Mrd. $
   - Japan          625 Mrd. $
2. Deutschlands Exportpalette (Warenausfuhr 2015 in Mrd. €) (Statistisches Bundesamt, März 2016)
   - Autozubehör            226 Mrd. €
   - Maschinen              169 Mrd. €
   - Chemische Erzeugnisse  108 Mrd. €
   - Büromaschinen, EDV      97 Mrd. €
3. Wichtige Absatzländer für deutsche Produkte (im Jahr 2015 in Mrd. €) (Statistisches Bundesamt, Februar 2016)
   - USA           113,9 Mrd. €
   - Frankreich    103,0 Mrd. €
   - Großbritannien 89,3 Mrd. €
   - Niederlande    79,5 Mrd. €
   - China          71,2 Mrd. €
4. Gründe für Deutschlands Exporterfolge
   - Qualität
   - Zuverlässigkeit
   - Technisches Know-how
   - Preisleistungsverhältnis
   
   „Made in Germany"

5. bedeutende Absatzmärkte der Zukunft
   - Brasilien
   - Russland
   - Indien
   - China
   - Südafrika
   = BRICS-Staaten (Goldman Sachs 2001)
6. Internationale Regelungen zur Erleichterung des Außenhandels (Auswahl)
   - UN-Kaufrecht (CISG)
   - Internationale Handelsklauseln (Incoterms)
   - Einheitliche Richtlinien und Gebräuche für Dokumenten-Akkreditive (ERA 600)
   - Society for Worldwide Interbank Financial Telecommunications (SWIFT)

## Literatur

O'Neill J (2001) Building Better Economic BRICs, Goldman Sachs Global Economics Paper No: 66, 30. Nov. 2011. www.goldmansachs.com

Statistisches Bundesamt (2016) März 2016. http://dpaq.de/FxMma

Welthandelsorganisaton WTO (2015). http://dpaq.de/Tbpby

# Besonderheiten der Auslandsgeschäfte und daraus resultierende Maßnahmen für den Exporteur

## 3.1 Einflussfaktoren auf den Exportpreis

Bei der Kalkulation des Exportpreises sind eine Reihe von Kosteneinflussfaktoren zu beachten, die in Art und Höhe bei der Abwicklung reiner Inlandsgeschäfte so nicht vorkommen (vgl. Tab. 3.1).

## 3.2 Der Exportpreis als wichtiges Element des Exportangebotes

- Ein Vertrag kommt zustande durch 2 übereinstimmende Willenserklärungen.
- Bezüglich folgender Punkte muss beim Kaufvertrag Einigung erzielt werden:
  - A – Produkt: Art, Menge, Qualität, Zolltarif-Nr. usw.
  - B – Preis: Muss die im Inland und Ausland anfallenden Kosten decken und einen Gewinn ermöglichen.
  - C – Lieferbedingungen: Bis wohin übernimmt der Exporteur die mit der Lieferung verbundenen Aktivitäten, Kosten und Risiken?
  - D – Zahlungsbedingungen: Wann, wo und wie ist der Rechnungsbetrag durch den Importeur zu bezahlen?

Die Preisbildung gemäß B wird maßgeblich beeinflusst durch die Punkte A, C und D (vgl. Abb. 3.1).

**Tab. 3.1** Besonderheiten und Einfluss auf die Kosten

| Folgende Besonderheiten … | Haben Einfluss auf … | Mit Auswirkung u. a. auf folgende Kosten |
|---|---|---|
| 1. Alle Andersartigkeiten | • Informationsbeschaffung | • Kosten der Informationsgewinnung |
| 2. Mentalität (Kultur- und Geschäftsgepflogenheiten) | • Geschäftsaufbau<br>• Konsumverhalten<br>• Verhandlungsführung | • Produktgestaltung<br>• Marktaufbau |
| 3. Sprache | • Korrespondenz<br>• Verträge<br>• Marketingmaßnahmen | • Dolmetscher<br>• Anwalt |
| 4. Recht | • Vertragsgestaltung | • Anwalt |
| 5. Währung | • Wechselkurse | • Banken |
| 6. Politische Rahmenbedingungen | • Verfügbarkeit von Devisen<br>• Zahlungsabwicklung | • Kreditversicherung |
| 7. Wirtschaftliche Rahmenbedingungen | • Zahlungsabwicklung<br>• Zahlungssicherung | • Kreditversicherung |
| 8. Konsumgepflogenheiten | • Produktgestaltung<br>• Marketingmaßnahmen | • Produktion<br>• Werbung |
| 9. Normen und Standards | • Produktgestaltung<br>• Zulassungsvorschriften | • Produktanpassung<br>• Zertifizierung |
| 10. Entfernung | • Transportdauer<br>• Transportrisiko | • Logistik |
| 11. Klima | • Haltbarkeit<br>• Verpackung | • Produktgestaltung<br>• Transportabwicklung |
| 12. Einfuhrvorschriften | • Abwicklung | • Steuern<br>• Zölle usw |
| 13. Serviceanforderungen | • Organisation | • Servicekosten |

## 3.2 Der Exportpreis als wichtiges Element des Exportangebotes

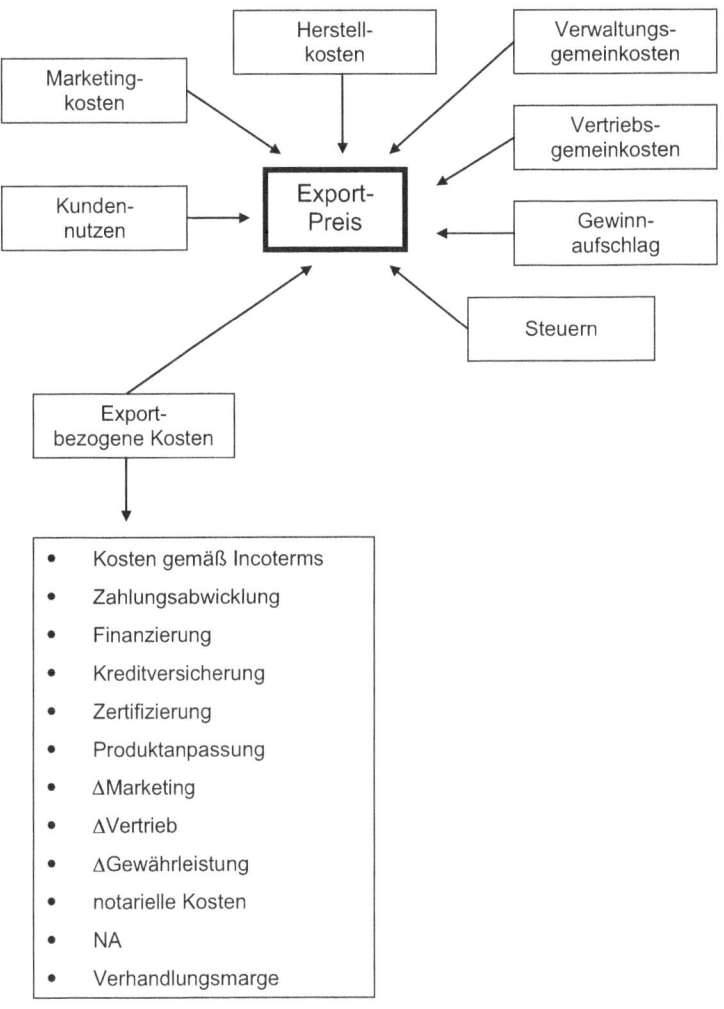

**Abb. 3.1** Übersicht Exportpreis

# 4 Einfluss der Zahlungsbedingungen auf den Exportpreis und ihre Bankkosten

Neben den Lieferbedingungen sind auch die Zahlungsbedingungen ein wichtiges Kalkulationselement für den Preis der Exportware/-leistung und damit ein Wettbewerbsfaktor gegenüber dem Mitbewerber. Im Gegensatz zu den Incoterms, die als eindeutige und international anwendbare Regelungen für die Lieferbedingungen von der Internationalen Handelskammer in Paris definiert wurden, haben sie sich jedoch gewissermaßen in einem Prozess der Bewährung und Anpassung an Handelsusancen entwickelt.

## 4.1 Übersicht über die Zahlungsbedingungen

Zu den gebräuchlichsten Zahlungsbedingungen zählen (siehe auch Abb. 4.1):

- die Vorauszahlung und die Anzahlung
- die Zahlung auf Akkreditivbasis
- das Dokumenteninkasso, d/p und d/a
- Zahlung gegen Rechnung
- das offene Zahlungsziel

Bei der Vereinbarung von Zahlungsbedingungen in Kaufverträgen verfolgen Verkäufer und Käufer unterschiedliche Interessen. Der Exporteur wird vorrangig versuchen, die Zahlung möglichst zu einem frühen Zeitpunkt zu erhalten, um damit seine Produktion teilweise bzw. im vollen Umfang finanzieren zu können und natürlich ein Zahlungsrisiko zu vermeiden oder zu minimieren. Der Importeur hingegen ist daran interessiert, zu einem möglichst späten Zeitpunkt – im Idealfall erst nach Zahlungseingang seines Weiterverkaufs – zu zahlen, um damit seine

## Zahlungsbedingungen im Aussenhandel

| Zahlungsbedingungen | Interessenlage |
|---|---|
| 1. Voraus-/ Anzahlung | Exporteur |
| 2. Zahlung durch Dokumenten-Akkreditiv | |
| 3. Zahlung durch Dokumenten-Inkasso<br>a) Dokumente gegen Zahlung d/p<br>b) Dokumente gegen Akzept d/a | |
| 4. Zahlung gegen offene (= einfache) Rechnung | Importeur |
| 5. offenes Zahlungsziel | |

**Abb. 4.1** Zahlungsbedingungen

Finanzierungskosten zu minimieren und das Liefer- und Qualitätsrisiko auszuschließen oder zu minimieren.

Welche Zahlungsbedingung im Kaufvertrag letztlich vereinbart wird, ist von einer Vielzahl von Faktoren abhängig:

- Zahlungsgewohnheiten der Branche,
- Verhandlungsführung und -position der Kontrahenten,
- eventuell bestehende handelsspezifische Restriktionen, z. B. Devisenbewirtschaftung oder Importgenehmigungen,
- Zeitraum der Abwicklung des Liefergeschäftes sowie dessen Regelmäßigkeit und Umfang,
- bestehendes Vertrauensverhältnis zwischen den Kontrahenten und
- bestehende Marktsituation (Käufer- oder Verkäufermarkt).

Handelt es sich um einen Käufermarkt, d. h. besteht ein Überangebot an Waren, so wird der Exporteur dem Importeur beim Zahlungsziel entgegenkommen müssen. Ist hingegen die Ware knapp oder stark nachgefragt (Nachfrage- bzw. Verkäufermarkt), sollte der Exporteur immer erst die für ihn günstigste Zahlungsbedingung anbieten.

Die Entscheidung für eine bestimmte Zahlungsbedingung kann je nach Zielstellung anhand verschiedener Kriterien erfolgen, z. B. nach der Fälligkeit der

Zahlung, dem Zahlungsort, der Sicherstellung der Zahlung für den Exporteur, der Sicherstellung der Warenlieferung für den Importeur, der Zinsbelastung aus der Finanzierung sowie den Transaktionskosten. Eine Übersicht über die Kriterien der wichtigsten Zahlungsbedingungen sehen Sie in Abb. 4.1. Jede der Zahlungsbedingungen ist durch den Exporteur differenziert unter kalkulatorischen Gesichtspunkten bei der Angebotspreisbildung zu berücksichtigen. Muss dem Importeur zusätzlich ein Kredit eingeräumt, d. h. eine Finanzierung angeboten werden, so ergeben sich weitere Kostenelemente bei der Angebotspreisbildung. Diese sind im gesamten Kap. 6 (Die Exportfinanzierung mit Banken) behandelt.

**Wichtig**
Das Angebot und die Rechnung müssen immer Bankverbindung und Kontonummer in Form von **IBAN** = International Bank Account Number und **BIC** = Bank Identifier Code enthalten. Nur so sind schnelle Überweisungen und Akkreditiveröffnungen möglich.

## 4.2 Die einzelnen Zahlungsbedingungen

### 4.2.1 Die Vorauszahlung und die Anzahlung

Bei der Vereinbarung dieser Zahlungsbedingung ist die Zahlung des Kaufpreises durch den Importeur – entweder in voller Höhe (= Vorauszahlung) oder als Teilbetrag (= Anzahlung) – schon vor der Lieferung fällig. Der Exporteur kann dadurch das Zahlungsrisiko ganz oder – durch eine Anzahlung, evtl. auch Zwischenzahlung – teilweise vermeiden.

Für den Importeur ist es nachteilig, dass durch die geleistete Zahlung nicht gewährleistet ist, dass der Exporteur die Ware tatsächlich und vertragsgemäß liefert. Dieses Risiko kann er jedoch durch Stellen einer Anzahlungsgarantie (sog. Rückzahlungsgarantie, s. Abschn. 6.4.2.3) durch die Bank des Exporteurs absichern lassen. Im solchen Fall sollten die Kosten für die Erstellung der Anzahlungsgarantie seitens der beauftragten Bank durch den Exporteur in den Preis einkalkuliert werden. Ohne Anzahlungsgarantie einer Bank setzt die Vereinbarung von Vorauszahlung/Anzahlung ein hohes Maß an Vertrauen des Importeurs gegenüber dem Exporteur, der vergleichsweise kein Risiko eingeht, voraus.

Bei der Lieferung von Investitionsgütern, die vielfach Spezialanfertigungen sind, ist eine Anzahlung durch den Besteller üblich. Diese setzt wiederum in der Regel die Stellung einer Anzahlungsgarantie der Exporteurbank voraus. Die Voraus- oder

Anzahlung erfolgt in der Regel mittels Überweisung, sodass die Transaktionskosten dieser Zahlungsbedingung verhältnismäßig gering sind.

Die normalen Bank-Abwicklungsgebühren für die sog. „einfachen Überweisungen = clean payments" für Exportzahlungen bis € 12.500,-- betragen € 5,--, darüber 1 ‰, max. € 125,--.

Euro-Überweisungen (= SEPA) innerhalb der EU sind kostenfrei.

### 4.2.2 Die Zahlung auf Akkreditivbasis (Documentary Letter of Credit, L/C)

Bei dieser Zahlungsbedingung beauftragt der Importeur eine Bank, in der Regel seine Hausbank, ein Dokumenten-Akkreditiv zugunsten des Exporteurs zu eröffnen.

Ein Dokumenten-Akkreditiv ist das abstrakte und bedingte Versprechen einer Bank, im Auftrag des Importeurs (Auftraggeber) gegen Vorlage von genau definierten Dokumenten innerhalb einer bestimmten Frist dem Exporteur (Begünstigten) den festgelegten Warengegenwert sofort zu zahlen (bei Sicht-Akkreditiven) oder die Zahlung zu einem festen späteren Zeitpunkt verbindlich zuzusagen (bei Nach-Sicht-Akkreditiven), z. B. 30, 60, 90 oder 180 Tage nach Sicht. Die schematische Abwicklung zeigt die Abb. 4.2. Das Akkreditiv sollte unbedingt den von der Internationalen Handelskammer in Paris herausgegebenen aktuellen „Einheitlichen Richtlinien und Gebräuchen für Dokumenten-Akkreditive" (ERA 600, Revision 2007) unterliegen. Nach diesen Richtlinien ist ein Akkreditiv automatisch unwiderruflich, d. h. es kann ohne Zustimmung aller Beteiligten nicht geändert werden und die Banken müssen sich an feste Regeln zur Auslegung von LC-Bedingungen und Bearbeitung von Dokumenten halten.

Der Vorteil des L/C für den Exporteur ist die Zahlungssicherung durch eine Bank. Gleichzeitig hat der Importeur den Vorteil, dass er nur bei vertragsgemäßer Warenlieferung zahlen muss. Da der Eigentumsübergang der Ware lediglich auf der Basis von Dokumenten geschieht, hat der Importeur zunächst keine Möglichkeit zu überprüfen, ob die vertragsmäßig vereinbarte Ware und Qualität geliefert wurde. Manchmal ist es für den Importeur problematisch, sich auf die Menge und Qualität der gelieferten Ware zu verlassen. Nach Akkreditivzahlung, die gegen Dokumente erfolgt, besteht keine Möglichkeit zur Rückzahlung aus solchen Mängeln. Um dieses Risiko zu minimieren oder auszuschalten, wird er im Akkreditiv vom Exporteur neben den üblichen Dokumenten wie Rechnung, Packliste, Versanddokument und ggf. Versicherungszertifikat die Vorlage von zusätzlichen „zahlungsauslösenden Dokumenten" fordern. Das sind z. B.:

## 4.2 Die einzelnen Zahlungsbedingungen

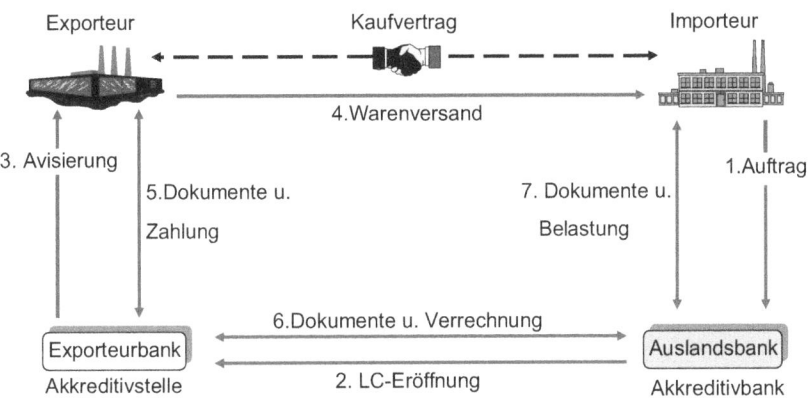

**Abb. 4.2** Abwicklung eines Akkreditivgeschäftes am Beispiel des Seetransports

- Warenprüfungszertifikate, Qualitätszertifikate, Ursprungszeugnisse,
- Beglaubigungen, Legalisierungen, Analysenzertifikate, Warenübernahmeprotokolle.

Die ordnungsgemäße Beschaffenheit der Ware wird hierbei bestätigt. Die Bank des Exporteurs ist nämlich nur dann zur Zahlung verpflichtet, wenn ihr diese „akkreditivkonformen" Dokumente fristgerecht vorgelegt werden.

Die Banken helfen ihren Exporteuren bei der Formulierung der Akkreditivbedingungen im Vertragsangebot an den Importeur. Empfehlenswert sind Listen von Banken gemäß Muster in Abb. 4.3 und 4.4. Diese schickt der Exporteur als Angebots- oder Vertragsbestandteil an den Importeur. Nach dem LC-Eingang sind Banken bezüglich der Erfüllbarkeit der LC-Bedingungen, Termine und Dokumentenerstellungen behilflich. Zum Beispiel gibt der Importeur oft kurze oder zu kurze Fristen für den Warenversand vor oder konsularische Legalisierungen sind innerhalb der Dokumentenvorlagefrist bei der Bank nicht möglich. Bezüglich der Finanzierung hat der Exporteur die Kosten für die Phase der Produktion und Lieferung der Ware bis zur Übergabe der Dokumente an die Bank zu tragen, sofern keine Anzahlung vereinbart ist, die durchaus auch eine LC-Bedingung sein kann. Die Finanzierungskosten für den Importeur beginnen mit der sogenannten Unwiderruflichkeitsprovision seiner Bank für den Avalkredit bei der LC-Eröffnung.

**AUFTRAG ZUR ERÖFFNUNG EINES DOKUMENTENAKKREDITIVES**

Sehr geehrte Damen und Herren,

bitte informieren Sie Ihre Bank, ein Dokumentenakkreditiv mit den nachstehenden Einzelheiten zu eröffnen (angekreuzt "X"):
Das Akkreditiv müssen wir spätestens am            erhalten. Andernfalls können wir die im Vertrag/Auftrag/Proforma-Rechnung o.ä. genannte Versandangabe nicht garantieren.

- Akkreditivart:  x unwiderruflich   ✣ übertragbar
                         ✣ mit              ✣ ohne Bestätigung
- Akkreditivbetrag: .........
- für einen Betrag von              ✣ max.   ✣ ungefähr (+/- 10%)   ✣ +/- .... %
  zu Gunsten von

  benutzbar und zahlbar bei  HypoVereinsbank  (Ort und IBAN)

- zahlbar gegen Dokumentenvorlage

  ✣ bei Sicht   ✣ Deferred-Payment:   Tage nach  ✣ Sicht  ✣ Versand
- L/C-Avisierung durch  ✣ SWIFT  ✣ Telex  ✣ Luftpost  ✣ mit Telex-Voravisierung
- gültig bis zum               in Deutschland.
- letzter Versandtermin:
- Vorlage der Dokumente innerhalb von      Tagen nach Versanddatum

Warenbezeichnung:


- Lieferbedingungen: ✣ EXW  ✣ FOB  ✣ FCA  ✣ CFR  ✣ CPT  ✣ CIF  ✣ CIP  ✣
- Versand von               nach
- Teillieferung      ✣ erlaubt        ✣ nicht erlaubt
- Umladung           ✣ erlaubt        ✣ nicht erlaubt

Alle Kosten des Akkreditives gehen zu Lasten des Auftraggebers

Erforderliche Dokumente:

  ✣ Handelsrechnung

  ✣ Packliste

  ✣ Ursprungszeugnis, ausweisend als Ursprungsland

  ✣ Transportdokument:   ✣ FCR (Spediteurübernahmebescheinigung)
                         ✣ CMR (LKW-Frachtbrief)
                         ✣ CIM (Eisenbahnfrachtbrief)
                         ✣ AWB (Luftfrachtbrief)
                         ✣ 3/3 Original Konnossemente
                         ✣ ........................

  ✣ Versicherungszertifikat:  ✣ Versicherung vom Auftraggeber zu tragen
  ✣ weitere Dokumente

Wir bedanken uns im Voraus für Ihre nette Zusammenarbeit und verbleiben
mit freundlichen Grüßen

**Abb. 4.3** Auftrag zur LC-Eröffnung (deutsch)

## 4.2 Die einzelnen Zahlungsbedingungen

**REQUEST TO OPEN LC**
Please forward these instructions to your bankers

| To: Bank of applicant | Name and adresse of applicant (*50) |

| | Advising bank |
| | UniCredit Bank AG |
| | D- |
| | Germany |
| | SWIFT address |
| | Telex No. |

| | Date and place of expiry (*31D) |
| I/We ask you to issue the undernoted irrevocable documentary letter of credit for our account: | |
| ☐ transferable  ☐ by mail | |
| ☐ by SWIFT/Telex  ☐ by pre-advice via telecommunication | |

| Credit available with (*41) | Beneficiary's name and address (*59) |
| ☐ UniCredit Bank AG   ☐ opening bank | |
| D- | |
| by | |
| ☐ sight payment   ☐ acceptance | |
| ☐ deferred payment at (*42P) _____ | |

Against presentation of the undermentioned documents (please mark in the following squares): Please complete positions below by further details (*46A)

☐ Signed commercial invoice in _____ fold, including _____ originals

☐ full set of clean on board marine bills of lading, issued to order and endorsed in blank Notify address:
  ☐ marked »freight paid«   ☐ marked »freight payable at destination«

☐ airwaybill (original for shipper)

☐ FCR forwarder's certificate of receipt evidencing that the goods have been taken over for irrevocable dispatch

☐ multimodal transport document (full set)

☐ CMR international consignment note (copy for sender)

addressed to _____
☐ other transport document (please specify) _____

☐ insurance policy or certificate covering the following risks: (please specify risks or clauses accurately)
_____
_____

☐ certificate of origin, authenticated by _____
country of origin: _____
☐ packing list in _____ fold, including _____ originals

☐ other documents (please specify)
_____
_____
_____

**Abb. 4.4** LC Request (englisch)

```
┌─────────────────────────────────────────────────────────────────────────────┐
│ ☐ description of goods (*45A):                                              │
│ _____    │
│ _____    │
│ _____    │
│ _____    │
│ _____    │
│ _____    │
│ _____    │
│ _____    │
└─────────────────────────────────────────────────────────────────────────────┘

┌──────────────────────────┬──────────────────────┬───────────────────────────┐
│ Partial shipments (*43P) │ Transhipment (*43T)  │ Credit amount (*32B)      │
│ ☐ allowed                │ ☐ allowed            │                           │
│ ☐ not allowed            │ ☐ not allowed        │ (*39A) ☐ + ___ / - ___ %  │
│                          │                      │ (*39B) ☐ max.             │
├──────────────────────────┴──────────────────────┼───────────────────────────┤
│ Loading on board / dispatch / taking in charge  │ Delivery terms (e.g. CIF, │
│ (*44A) – Place of Taking in Charge/Dispatch from…/│ CFR, FOB, DAF etc.)     │
│         Place of Receipt _____         │                           │
│ (*44E) – Port of Loading/Airport of Departure   │                           │
│         _____                          │                           │
│ (*44F) – Port of Discharge/Airport of Destination│                          │
│         _____                          │                           │
│ (*44B) – Place of Final Destination/For Transportation to…/                 │
│         Place of Delivery_____         │                           │
│ (*44C) – not later than _____          │                           │
├─────────────────────────────────────────────────┼───────────────────────────┤
│ Documents are to be presented within ___ days   │ Details of charges: ☐ all charges │
│ after the date of issuance of the transport     │                     ☐ outside of ___ │
│ document (*48).                                 │ for account of      ☐ applicant   ☐ beneficiary │
├─────────────────────────────────────────────────┴───────────────────────────┤
│ Additional conditions                                                        │
│ ☐ _____  │
│ _____    │
│ _____    │
├─────────────────────────────────────────────────────────────────────────────┤
│ Please instruct UniCredit Bank AG to advise this documentary credit          │
│ ☐ by SWIFT / Telex            ☐ by mail                       ☐ latest on   │
│ ☐ without confirmation        ☐ with confirmation of UniCredit Bank AG (*49)│
│                                                                              │
│     The documentary credit is to be handled on the basis of the             │
│     »Uniform Customs and Practice for Documentary Credits«.                 │
│ * Numbers in brackets are for MT S700; issue of a documentary credit        │
└─────────────────────────────────────────────────────────────────────────────┘
```

**Abb. 4.4** (Fortsetzung)

Die übliche Höhe ist 3 ‰ bis zur Laufzeit von 3 Monaten, mind. € 160,--. Mit der Dokumentenaufnahme und Zahlung der Bank entstehen für ihn Liquiditätskosten. Die Importeurbank wie auch die Exporteurbank verlangen Provisionen für die Akkreditiveröffnung, -abwicklung und eventuelle Finanzierung eines Zahlungsziels. Generell übernehmen die Vertragspartner die Bankkosten in ihrem Land.

## 4.2 Die einzelnen Zahlungsbedingungen

Davon abweichend kann im LC vereinbart werden, dass der Importeur oder der Exporteur Bankkosten auch im Ausland ganz oder teilweise übernimmt.

Die Bankkosten können für die Preiskalkulation im Voraus erfragt werden. Üblich für den Exporteur sind 1 ‰ Avisierungsprov., mind. € 100,--, max. € 300,-- und 3 ‰ Abwicklungsprov., mind. € 200,--.

Bei seinem Angebot kann sich der Exporteur zwischen verschiedenen Arten von Akkreditiven entscheiden. Das widerrufliche Akkreditiv kommt in der Praxis nicht vor.

### 4.2.2.1 Das unwiderrufliche Akkreditiv

Das unwiderrufliche Akkreditiv beinhaltet das abstrakte, feststehende Zahlungsversprechen der eröffnenden Bank, welches nicht ohne Zustimmung der Beteiligten geändert bzw. annulliert werden kann.

### 4.2.2.2 Das bestätigte Akkreditiv

Es enthält neben der Verpflichtung der eröffnenden Bank die zusätzliche Verpflichtung einer weiteren Bank, meist der avisierenden Bank, bei Vorlage akkreditivkonformer Dokumente Zahlung zu leisten. Diese Form sichert den Exporteur bei unzureichender Bonität der eröffnenden Bank oder bei bestehenden Länderrisiken. Für dieses Risiko verlangt die Bank eine sog. Bestätigungsprovision in Höhe von mind. 3 ‰ bis zu 3 Monaten, mind. € 100,--. Bei höherem Risiko steigt der Preis.

Bei zu hohem Länder- oder Bankenrisiko kann die Exporteurbank eine Akkreditivbestätigung verweigern. Mögliche Lösungen könnten sein, eine andere Importeurbank vorzugeben oder bei einer anderen Bank im Exportland anzufragen.

### 4.2.2.3 Das unbestätigte Akkreditiv mit Ankaufs- oder Schutzzusage

Wird ein LC ohne Bestätigungsauftrag (an die avisierende Bank) eröffnet, hat aber der Exporteur das Bedürfnis zur Absicherung des ausländischen Banken- oder Länderrisikos, dann kann er die avisierende Bank zur Übernahme dieser Risiken bitten. Nach Prüfung ist sie ggf. bereit, mit ihrer Ankaufs- oder Schutzzusage diese Risiken für den Exporteur zu übernehmen. Für ihn bietet diese Form die gleiche Sicherheit wie ein bestätigtes LC. Diese Praxis wird insbesondere mit Akkreditiven aus arabischen Ländern und China angewendet. Die Bank verlangt eine Risikoprovision in gleicher Höhe wie die Bestätigungsprovision.

Bei sehr hohen Risiken gilt die gleiche Anwendung wie oben beim bestätigten Akkreditiv.

### 4.2.2.4 Das Sicht-Akkreditiv

Beim Sicht-Akkreditiv erhält der Exporteur den Gegenwert für seine Lieferung nach Vorlage und Prüfung der akkreditivkonformen Dokumente. Das Sicht-LC kann bei der Exporteurbank = avisierende Bank = Akkreditivstelle oder bei der Importeurbank = eröffnende Bank = Akkreditivbank zahlbar sein. Ist das LC bei seiner Bank = Akkreditivstelle zahlbar, erhält der Exporteur das Geld sofort. Ist das LC bei einer anderen Bank zahlbar, dauert der Zahlungseingang aufgrund Postlauf und weiterer Dokumentenprüfung ein bis zwei Wochen. Außerdem trägt er das Postlaufrisiko für einen verzögerten oder gar verloren gegangenen Dokumentenversand zu dieser Bank.

### 4.2.2.5 Das Nach-Sicht-Akkreditiv (= „deferred payment" = hinausgeschobene Zahlung)

Musste der Exporteur dem Käufer aus Wettbewerbsgründen ein Zahlungsziel einräumen, so erfolgt die Zahlung nicht wie beim Sicht-L/C bei Vorlage der Dokumente, sondern erst zu einem späteren Zeitpunkt, dem eingeräumten Zahlungstermin.

Hinweis für den Exporteur: Anstelle z. B. 30, 60 oder 90 Tage nach Dokumentenvorlage bei der LC-Bank kann auch eine Frist nach Warenversand vereinbart werden. Dadurch verkürzt sich die Fälligkeit um die Postlaufzeit für die Dokumente und ein konkreter Fälligkeitstag ist vom Exporteur bestimmbar.

### 4.2.2.6 Das Akzeptakkreditiv

Es enthält die Verpflichtung der eröffnenden Bank zur Akzeptierung einer Tratte, die vom Begünstigten auf die eröffnende Bank gezogen wird. Eine Tratte (engl. draft) ist ein ausgestellter, noch nicht akzeptierter Wechsel. Der Vorteil eines Bankakzepts ist seine zinsgünstige Refinanzierung (= Diskontkredit).

### 4.2.2.7 Das übertragbare (= „transferable") Akkreditiv

Es berechtigt den Begünstigten, die zur Zahlung bzw. Akzeptleistung berechtigte Bank zu ersuchen, das Akkreditiv zum Teil oder als Ganzes an einen oder mehrere Dritte – Zweitbegünstigte – zu übertragen. Das Ablaufschema zeigt die Abb. 4.5. Anwendung findet dies insbesondere bei Handelsfirmen, die Akkreditive an Unterlieferanten übertragen, um den Einsatz eigener Mittel, z. B. für den Zukauf vom Unterlieferanten, auf ein Minimum zu beschränken. Wichtig ist, dass das Akkreditiv nur einmalig übertragen werden kann. Auftraggeber, Akkreditivbetrag und Fristen können dabei geändert werden.

Für Handelsfirmen mit wenig Eigenkapital ist es oft die einzige Lösung, größere Handelsgeschäfte mit gesicherter Zahlungsbasis zu realisieren.

## 4.2 Die einzelnen Zahlungsbedingungen

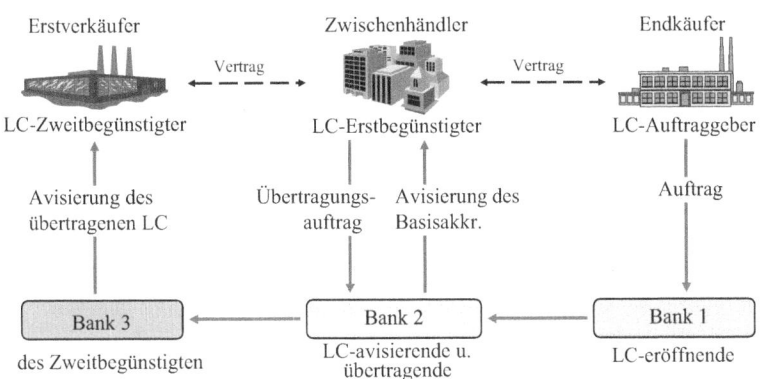

**Abb. 4.5** LC-Übertragung

### 4.2.2.8 Das revolvierende Akkreditiv

Es wird vorrangig im Massenguthandel vereinbart, wenn mehrere Warenlieferungen nach genau definiertem Lieferplan oder in regelmäßigen Abständen innerhalb eines bestimmten Zeitraumes realisiert werden sollen. Das Akkreditiv wird hier auf einen bestimmten Betrag eröffnet und füllt sich nach der Ausnutzung (z. B. nach der ersten Liefertranche) automatisch wieder auf, bis ein festgelegter Gesamtbetrag erreicht ist. Bis zu diesem Gesamtbetrag ist der Begünstigte berechtigt, das Akkreditiv in mehreren Tranchen innerhalb eines bestimmten Zeitraumes in Anspruch zu nehmen. Die Vorteile sind die einfachere und meist kostengünstigere Abwicklung bei den Banken. Zu beachten ist, den Importeur betrifft anfangs die Summe aller Tranchen = Gesamtbetrag für den Avalkredit bei der LC-Eröffnung.

### 4.2.3 Das Dokumenteninkasso

Beim Dokumenteninkasso wird zwischen den Formen

- Dokumente gegen Zahlung, d/p und
- Dokumente gegen Akzept (Wechsel), d/a

unterschieden.

Mit der Dokumentenaufnahme durch den Importeur wird entweder die sofortige Zahlung fällig (= Dokumente gegen Zahlung = Kasse gegen Dokumente = cash against documents = documents against payment = d/p) oder sie hat die Akzeptierung einer seitens des Exporteurs beigefügten Tratte zur Folge (= Dokumente gegen Akzept = documents against acceptance = d/a). In beiden Fällen vereinbaren Exporteur und Importeur ein Zug-um-Zug-Geschäft. Für die Abwicklung eines Dokumenteninkassos wird eine Bank eingeschaltet, die vom Exporteur einen detaillierten Inkassoauftrag erhält. Dieser besagt, dass die Dokumente – die bei Seetransport durch das Seekonnossement = Bill of Lading = B/L dem Importeur die Verfügungsgewalt über die Ware verschaffen – nur gegen Zahlung des Kaufpreises oder Akzeptierung eines Wechsels auszuhändigen sind (siehe Abb. 4.6). Im Gegensatz zum Akkreditiv besteht bei der Importeurbank kein Zahlungsversprechen an den Exporteur.

**Dokumente gegen Akzept** wird dann praktiziert, wenn dem Importeur eine Frist für die Bezahlung der Ware – ein Zahlungsziel – eingeräumt wird. Der Exporteur stellt einen auf den Importeur gezogenen Wechsel – eine Tratte – aus. Der Importeur erhält von seiner Bank die Dokumente (mit der Verfügungsgewalt über die Ware beim Seekonnossement) nur, wenn er die Tratte akzeptiert. Der Wechsel ist eine akzeptierte Tratte. Die Zahlung = Einlösung des Wechsels bei Fälligkeit ist von der Bonität und dem Willen des Bezogenen (= Importeur) abhängig. Dieses Risiko für den Exporteur kann durch ein Aval = Zahlungsgarantie der Importeurbank auf dem Wechsel ausgeschlossen werden.

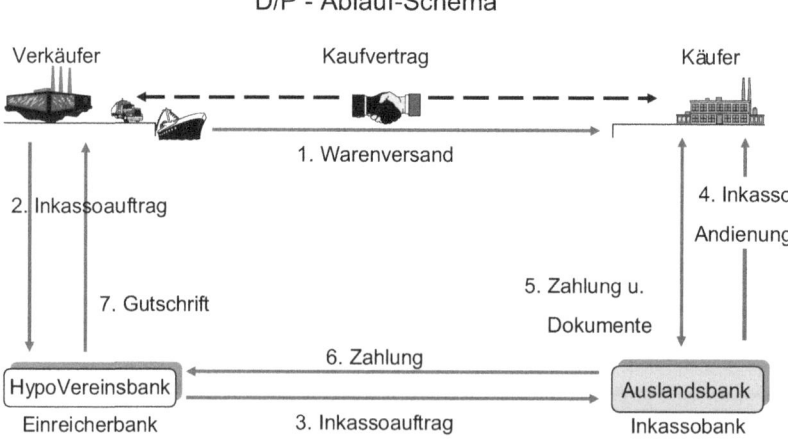

**Abb. 4.6** Abwicklung eines Dokumenteninkassos am Beispiel des Seetransports

Auch beim **Dokumenteninkasso „Dokumente gegen Zahlung"** hat der Exporteur das volle Zahlungsrisiko. Der Importeur kann aus Bonitäts- oder Wettbewerbsgründen die Dokumentenaufnahme verweigern. Dann muss der Exporteur entweder die Ware anderweitig im Ausland, meist mit enormen Preiszugeständnissen, verkaufen bzw. verwerten oder für den teuren Rücktransport sorgen. Der Importeur allerdings trägt beim Dokumenteninkasso das Risiko einer nicht vertragsgerechten Warenlieferung insbesondere hinsichtlich der Qualität und Menge. Vor der Dokumentenaufnahme erhält er nicht automatisch die Möglichkeit einer Warenprüfung. Sie müsste ausdrücklich vom Exporteur erlaubt sein. Sowohl aus Sicht des Exporteurs als auch des Importeurs sollte bei Vereinbarung der Zahlung auf Inkasso-Basis ein gewisses Vertrauensverhältnis zwischen beiden bestehen.

Die **Bankkosten** für die Abwicklung des Dokumenteninkassos betragen 3 ‰, mind. € 150,--.

**Das unechte Dokumenteninkasso**
Lediglich beim Seetransport hat der Exporteur die Sicherheit, dass der Importeur nur gegen Zahlung oder Wechselakzeptierung die Ware erhält, weil das ausgestellte Transportpapier Seekonnossemenet = Bill of Lading = B/L das Eigentum an der Ware verkörpert. Bei allen anderen Versandarten handelt es sich um ein sog. unechtes Inkasso. Die ungewollte Warenübergabe an den Importeur kann nur ausgeschlossen werden, wenn der Versand an die Adresse einer Bank erfolgt (siehe Abb. 4.7), eventuell auch an einen bekannten Spediteur. Die Bank muss vorher damit einverstanden sein.

### 4.2.4 Die Zahlung gegen Rechnung

Der Exporteur versendet die Rechnung gleichzeitig mit der gelieferten Ware. Die Fälligkeit zur Bezahlung durch den Importeur entsteht mit dem Rechnungs- bzw. Wareneingang. Wie die Vorauszahlung und die Anzahlung setzt auch diese Zahlungsbedingung ein besonderes gegenseitiges Vertrauensverhältnis der Vertragspartner voraus. Das Zahlungsrisiko liegt hier ausschließlich beim Exporteur. Der Importeur kann aus Bonitätsgründen nicht bezahlen oder er verweigert bzw. verzögert die Bezahlung wegen Beanstandungen hinsichtlich Qualität und Quantität der Ware. Darüber hinaus trägt der Exporteur die Finanzierungskosten des Warengeschäfts. Bei der Kalkulation des Angebotspreises sollten daher die Kosten für einen evtl. notwendig werdenden Liquiditätskredit oder einen Forderungsverkauf (= Factoring oder Forfaitierung) berücksichtigt werden.

## Das unechte Inkasso

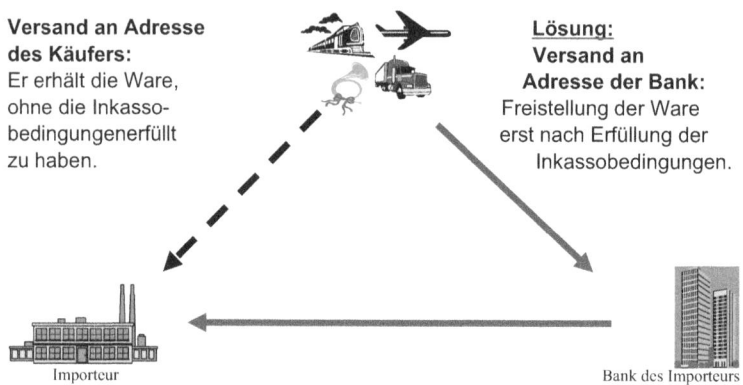

**Abb. 4.7** Das unechte Inkasso

Die Bankkosten für einfache Exportüberweisungen betragen € 5,-- Abwicklungsprovision bis € 12.500,--, darüber 1 ‰, max. € 125,--. Innerhalb der EU sind sie kostenfrei.

Üblich ist diese Zahlungsbedingung im konzerninternen, grenzüberschreitenden Abrechnungsverkehr (sofern nicht über konzerneigene Konten verrechnet wird) sowie im Rahmen des Zahlungsverkehrs innerhalb der Europäischen Union. Er hat ein zunehmendes Volumen und ist durch bessere gegenseitige Kenntnis der Handelspartner gekennzeichnet.

Hinweis für den Exporteur: Bei einer Zielgewährung empfiehlt sich, die Buchforderung durch Wechselverwendung (Akzept) in eine rechtlich bessere Forderung zu tauschen. Diese kann mit dem Diskontkredit zinsgünstig refinanziert werden.

### 4.2.5 Das Offene Zahlungsziel

Diese Zahlungsbedingung setzt ein noch größeres Vertrauen der Partner zueinander voraus. Der Exporteur ist hierbei in puncto Risiko und Finanzierungskosten am stärksten betroffen: Er trägt sowohl das Kreditrisiko als auch die Zinslast der Finanzierung des unbefristeten Zahlungszieles. Der Importeur kann diese Vereinbarung nur durchsetzen, wenn der Exporteur ihm genügend Vertrauen entgegenbringt. Als einen Anreiz für eine vorfristige Bezahlung kann er dem Importeur ein Skonto einräumen, was natürlich bei der Exportpreiskalkulation Berücksichtigung finden sollte. Wird das Skonto vom Käufer nicht in Anspruch genommen, ergibt sich ein zusätzlicher Gewinn aus dieser „Vorsorge-Kalkulation".

Eine gewisse Minimierung seines Risikos kann der Exporteur erreichen, indem die bestehende Buchforderung in eine befristete Wechselforderung „gedreht" wird. Dies kann sowohl durch die Übergabe eines auf den Importeur gezogenen Wechsels (Tratte) mit der Aufforderung, diesen seitens des Importeurs zu akzeptieren, erfolgen, als auch durch die Aufforderung an den Importeur, einen Eigenwechsel (Solawechsel) dem Exporteur zu übergeben. Beim Solawechsel ist der Käufer Aussteller und Bezogener des Wechsels. Im Wechselvordruck heißt es daher: „Gegen diesen Wechsel zahle ich ..." Dem Importeur wird auch mit dieser Zahlungsbedingung ein „Lieferantenkredit" eingeräumt, da er erst mit Ablauf der Zahlungsfrist seiner Verpflichtung nachkommen muss.

## 4.3 Zusammenfassung der Bankkosten im internationalen Zahlungsverkehr

Die üblichen Kosten in Deutschland für den Auslandszahlungsverkehr sind hier zusammengefasst:

### 4.3.1 Einfache Zahlungen = clean payments

Export:
Abwicklungsprovision für eingehende Zahlungen in Euro oder Fremdwährung:

| Bis € 12.500,-- oder Gegenwert: | € 5,-- |
| --- | --- |
| Über € 12.500,-- oder Gegenwert: | 1 ‰, max. € 125,-- |
| EUR-Zahlungen innerhalb der EU: | Franko |

Import:
Abwicklungsprovision für ausgehende Zahlungen in Euro oder Fremdwährung:

| Bis € 12.500,-- oder Gegenwert: | € 12,50 |
| Über € 12.500,-- oder Gegenwert: | 1,5 ‰ |
| EUR-Zahlungen innerhalb der EU: | Franko |

bei Datenträgeraustausch:

| Bis € 12.500,-- oder Gegenwert: | € 5,-- |
| Über € 12.500,-- oder Gegenwert: | 1 ‰ |

## 4.3.2 Dokumentenzahlungen

Beim Exportinkasso:

| Abwicklungsprovision: | 3 ‰, min. € 150,-- |

Beim Importinkasso:

| Abwicklungsprovision: | 3 ‰, min. € 150,-- |

Beim Exportakkreditiv:

| Avisierungsprovision | 1 ‰, min. € 100,--, max. € 300,-- |
| evtl. Bestätigungsprovision | 1,5 ‰ bis zu 3 Zeitmon., min. € 100,-- |

Die jährliche Provision beträgt ca. 1,2 % p. a.
Höheres Risiko bedingt höherer Preis.

| Dokumentenaufnahmeprovision | 1,5 ‰, min. € 100,-- und |
| Abwicklungsprovision | 1,5 ‰, min. € 100,-- |
| Akkreditivänderung | € 75,-- |

## 4.3 Zusammenfassung der Bankkosten im internationalen ...

Die Bestätigungsprovision steigt bei höheren Länder- oder Bankenrisiken entsprechend! Im Einzelfall muss der Exporteur seine Bank vor einer LC-Eröffnung befragen!

**Tipp**
Es gibt im LC 3 Möglichkeiten der Spesenregelung der Exporteurbank:

1. Alle Kosten gehen zulasten des Exporteurs
2. Alle Kosten gehen zulasten des Importeurs

Keine Angabe, d. h.: Exporteur zahlt nur Abwicklungsprovision

Beim Importakkreditiv:

| | |
|---|---|
| Unwiderruflichkeitsprovision: | 3 ‰ bis zu 3 Zeitmonate, min. € 160,- |
| Dokumentenaufnahme und Abwicklungsprovision: | 3 ‰, min. € 200,-- |

# 5 Einfluss der Lieferbedingungen auf den Exportpreis

Der Außenhandel erfordert die Absprache umfangreicher Konditionen zwischen Verkäufer und Käufer, besonders bezüglich der Lieferbedingungen. So ist es angezeigt, die Verantwortlichkeiten für eine Vielzahl von Aktivitäten, beispielsweise bezüglich des Transports der Exportware und der dabei anfallenden Kosten, zwischen dem Exporteur und dem Importeur vertraglich aufzuteilen. Diese Kosten können die Kalkulation des Exportpreises besonders bei Lieferungen über große Entfernungen wesentlich beeinflussen, woraus sich die Notwendigkeit einer vertraglichen Regelung hinsichtlich deren Aufteilung zwischen den Vertragspartnern ergibt.

Eine weltweit einheitliche Formulierung bzgl. der Verteilung der bei der Lieferung entstehenden Kosten und Risiken ist mit den Incoterms gegeben.

Mit 11 INCOTERM-Klauseln werden zwischen Exporteur und Importeur u. a. geregelt:

| Der Kostenübergangspunkt: | Bis zu dem der Exporteur die mit der Lieferung verbundenen Kosten zu übernehmen hat |
|---|---|
| Der Gefahrenübergangspunkt: | Bis zu dem der Exporteur für Risiken auf dem Transportweg die Haftung regeln muss |

Sowohl die Vereinbarung des Kosten- als auch des Gefahrenübergangspunktes beeinflusst die Exportkalkulation ganz wesentlich.

▶ **Anmerkung** Es gibt Klauseln, bei denen Kosten und Gefahrenübergangspunkt an einem Punkt stattfinden = Einpunktklausel bzw. wo Gefahrenübergang an einer anderen Stelle stattfindet, als der Kostenübergang: = Zweipunktklausel.

In den nachfolgenden 11 Darstellungen wird jeweils erläutert:

1. Bezeichnung der Incoterm-Klauseln
2. Einpunkt- bzw. Zweipunktklausel
3. Wer (Exporteur oder Importeur) muss die definierte Leistung auf dem Transportweg erbringen?
4. Wer (Exporteur oder Importeur) muss welche Kosten bis wohin/ab wohin auf dem Transportweg übernehmen?

Somit ergibt sich aus diesen 11 Darstellungen u. a. der Hinweis über Art und Höhe der mit der Lieferung verbundenen Kosten, die der Exporteur in seiner Kalkulation berücksichtigen sollte.

## 5.1 INCOTERM-Klausel EXW (Ex Works; Ab Werk), benannter Lieferort

Es handelt sich um eine Klausel, die eine Minimalverpflichtung für den Exporteur darstellt. Die Klausel gilt für alle Transportarten. Es handelt sich um eine Einpunktklausel.

Tab. 5.1 listet die Verpflichtungen des Verkäufers und Käufers auf.

(INCOTERM-)Kosten für den Verkäufer:

- Die Ware an der vereinbarten Stelle auf dem eigenen Gelände des Verkäufers zur Verfügung stellen und den Käufer informieren, ab wann und wo die Ware zur Abholung bereitsteht.
- Zusätzlich ist der Verkäufer gemäß Gesetz (z. B. § 412 HGB) verpflichtet, für eine ordnungsgemäße Ladungssicherung zu sorgen und die Kosten hierfür zu übernehmen.
- Der Verkäufer ist *nicht* verpflichtet, die Ware auf das vom Käufer bereitzustellende Beförderungsmittel zu verladen und die evtl. benötigten Ausfuhrdokumente zu besorgen. Tut er dies auf Verlangen des Käufers, kann er die hiermit verbundenen Kosten dem Käufer in Rechnung stellen.

**Tab. 5.1** Verpflichtungen für Verkäufer und Käufer bei EXW

| Verpflichtungen | Für Verkäufer | Käufer |
|---|---|---|
| Abschluss eines Beförderungsvertrages | – | X |
| Exportabwicklung | – | X |
| Importabwicklung | – | X |

**Tab. 5.2** Verpflichtungen für Verkäufer und Käufer bei FCA

| Verpflichtungen | Für Verkäufer | Käufer |
|---|---|---|
| Abschluss eines Beförderungsvertrages | | X |
| Exportabwicklung | X | |
| Importabwicklung | | X |

## 5.2 INCOTERM-Klausel FCA (Free Carrier; Frei Frachtführer), benannter Lieferort

Es handelt sich um eine Klausel, bei der der Verkäufer die Ware

- zur Ausführung frei machen muss
- an einem vom Käufer benannten Frachtführer oder sonstigen Dritten am Geschäftssitz des Verkäufers oder an dem benannten Ort liefert.

Tab. 5.2 zeigt die Verpflichtungen.

(INCOTERM-)Kosten für den Verkäufer:

| Ort 1 (Lieferort im Werk des Verkäufers) | Aufladen auf das vom Käufer bereitgestellte Beförderungsmittel<br>Kosten der Ausfuhrabfertigung und Ausfuhrabgaben<br>Ladung sichern |
|---|---|
| Ort 2 (Lieferort Flughafen, Seehafen) | Einer vom Käufer benannten Person am Lieferort auf dem Beförderungsmittel des Verkäufers die Ware zur Entladung zur Verfügung zu stellen<br>Erledigung der Ausfuhrabfertigung und Ausfuhrabgaben |

## 5.3 INCOTERM-Klausel CPT (Carriage paid to; Frachtfrei), benannter Bestimmungsort

Bei dieser Klausel hat der Verkäufer alle Kosten zu übernehmen, bis er die Ware am vereinbarten Bestimmungsort entladen zur Verfügung stellt (siehe auch Tab. 5.3).

Kosten für den Verkäufer:

- Kosten bis zur Lieferung an den Frachtführer
- Kosten der Ausfuhrabfertigung und Ausfuhrabgaben

**Tab. 5.3** Verpflichtungen für Verkäufer und Käufer bei CPT

| Verpflichtungen | Für Verkäufer | Käufer |
|---|---|---|
| Abschluss eines Beförderungsvertrages | X | |
| Exportabwicklung | X | |
| Importabwicklung | | X |

- Transportkosten des Bestimmungsortes
- Entladekosten am Bestimmungsort

## 5.4 INCOTERM-Klausel CIP (Carriage and Insurance paid to; Frachtfrei versichert), benannter Bestimmungsort

Bei dieser Klausel hat der Verkäufer alle Transportkosten zu tragen bis zum benannten Bestimmungsort. Zusätzlich hat der Verkäufer die Ware auf dem Transportweg zu versichern.

Tab. 5.4 gibt einen Überblick über die Verpflichtungen.

Kosten für Verkäufer:

- Kosten bis zur Lieferung an den Frachtführer
- Kosten der Ausfuhrabfertigung und Ausfuhrabgaben
- Transportkosten bis Bestimmungsort
- Kosten der Transportversicherung (Mindestdeckung)

**Tab. 5.4** Verpflichtungen für Verkäufer und Käufer bei CIP

| Verpflichtungen | Für Verkäufer | Käufer |
|---|---|---|
| Abschluss eines Beförderungsvertrages | X | |
| Abschluss eines Versicherungsvertrages | X | |
| Exportabwicklung | X | |
| Importabwicklung | | X |

**Tab. 5.5** Verpflichtungen für Verkäufer und Käufer bei DAT

| Verpflichtungen | Für Verkäufer | Käufer |
|---|---|---|
| Abschluss eines Beförderungsvertrages | X | |
| Exportabwicklung | X | |
| Importabwicklung | | X |

## 5.5 INCOTERM-Klausel DAT (Delivered at Terminal; benannter Terminal), im Bestimmungshafen/-ort

Der Verkäufer muss bei dieser Klausel alle Transportkosten übernehmen bis zum Ablade-/Umladeterminal im Bestimmungsland (siehe auch Tab. 5.5).

Kosten für den Verkäufer:

- Kosten der Ausfuhrabfertigung und Ausfuhrabgaben
- Kosten der Lieferung bis zum benannten Terminal
- Entladekosten am benannten Terminal

## 5.6 INCOTERM-Klausel DAP (Delivered at Place; geliefert benannter Ort), benannter Bestimmungsort

Bei dieser Klausel muss der Verkäufer alle Transportkosten übernehmen bis zu einem definierten Bestimmungsort. Hier muss die Ware abladebereit zur Verfügung gestellt werden.

Die Tab. 5.6 zeigt die Verpflichtungen für Verkäufer und Käufer.

Kosten für den Verkäufer:

- Kosten der Ausfuhrabfertigung und Ausfuhrabgaben
- Kosten der Lieferung bis zum benannten Bestimmungsort oder einem genau bezeichneten Platz am Bestimmungsort, und zwar zum Abladen bereit

**Tab. 5.6** Verpflichtungen für Verkäufer und Käufer bei DAP

| Verpflichtungen | Für Verkäufer | Käufer |
|---|---|---|
| Abschluss eines Beförderungsvertrages | X | |
| Exportabwicklung | X | |
| Importabwicklung | | X |

**Tab. 5.7** Verpflichtungen für Verkäufer und Käufer bei DDP

| Verpflichtungen | Für Verkäufer | Käufer |
|---|---|---|
| Abschluss eines Beförderungsvertrages | X | |
| Exportabwicklung | X | |
| Importabwicklung | X | |

## 5.7 INCOTERM-Klausel DDP (Delivered Duty paid; geliefert verzollt), benannter Bestimmungsort

Diese Klausel stellt eine Maximalverpflichtung für den Verkäufer dar. Neben den Transportkosten hat er auch noch die Kosten der Einfuhrabfertigung inkl. Einfuhrabgaben zu tragen (vgl. Tab. 5.7).

Kosten für den Verkäufer:

- Kosten der Ausfuhrabfertigung und Ausfuhrabgaben
- Kosten der Lieferung bis zum Bestimmungsort
- Kosten der Einfuhrabfertigung und Einfuhrabgaben

## 5.8 INCOTERM-Klausel FAS (Free alongside Ship; Frei Längsseite Schiff), benannter Verschiffungshafen

Der Verkäufer muss die Ware im Verschiffungshafen Längsseits eines Transportschiffes anliefern und alle bis dahin anfallenden Kosten übernehmen (siehe auch Tab. 5.8).

Kosten für den Verkäufer:

- Kosten der Ausfuhrabfertigung und Ausfuhrabgaben
- Kosten der Lieferung bis zum Transportschiff im Verschiffungshafen

**Tab. 5.8** Verpflichtungen für Verkäufer und Käufer bei FAS

| Verpflichtungen | Für Verkäufer | Käufer |
|---|---|---|
| Abschluss eines Beförderungsvertrages | | X |
| Exportabwicklung | X | |
| Importabwicklung | | X |

**Tab. 5.9** Verpflichtungen für Verkäufer und Käufer bei FOB

| Verpflichtungen | Für Verkäufer | Käufer |
|---|---|---|
| Abschluss eines Beförderungsvertrages | | X |
| Exportabwicklung | X | |
| Importabwicklung | | X |

## 5.9 INCOTERM-Klausel FOB (Free on Board; Frei an Bord), benannter Verschiffungshafen

Der Verkäufer muss die Ware an Bord des vom Käufer benannten Schiffes im Verschiffungshafen liefern und die mit der Lieferung verbundenen Kosten übernehmen. Die Verpflichtungen sind in Tab. 5.9 aufgelistet.
Kosten für den Verkäufer:

- Kosten der Ausfuhrabfertigung und Ausfuhrabgaben
- vor Transport bis Hafen Umschlaggebühren, Verladekosten, Kosten des Seehafenspediteurs

## 5.10 INCOTERM-Klausel CFR (Cost and Freight; Kosten und Fracht), benannter Bestimmungshafen

Bei dieser Klausel muss der Verkäufer die Ware bis zum Bestimmungshafen liefern und die hiermit verbundenen Kosten übernehmen (siehe auch Tab. 5.10).
Kosten für den Verkäufer:

- Kosten der Ausfuhrabfertigung und Ausfuhrabgaben
- vor Transport bis Hafen Umschlaggebühren, Verladekosten, Kosten des Seehafenspediteurs
- Beförderung der Ware bis zum benannten Bestimmungshafen
- Ausladekosten im vereinbarten Entladehafen

**Tab. 5.10** Verpflichtungen für Verkäufer und Käufer bei CFR

| Verpflichtungen | Für Verkäufer | Käufer |
|---|---|---|
| Abschluss eines Beförderungsvertrages | X | |
| Exportabwicklung | X | |
| Importabwicklung | | X |

**Tab. 5.11** Verpflichtungen für Verkäufer und Käufer bei CIF

| Verpflichtungen | Für Verkäufer | Käufer |
|---|---|---|
| Abschluss eines Beförderungsvertrages | X | |
| Abschluss eines Beförderungsvertrages | X | |
| Exportabwicklung | X | |
| Importabwicklung | X | X |

## 5.11 INCOTERM-Klausel CIF (Cost, Insurance and Freight; Kosten, Versicherung und Fracht), benannter Bestimmungshafen

Bei dieser Schiffsklausel hat der Verkäufer die Ware bis zum Bestimmungshafen zu liefern, um neben der hiermit verbundenen Kosten auch die Versicherung für den Schiffstransport abzuschließen (vgl. Tab. 5.11).

Kosten für den Verkäufer:

- Kosten der Ausfuhrabfertigung und Ausfuhrabgaben
- vor Transport bis Hafen Umschlaggebühren, Verladekosten, Kosten des Seehafenspediteurs
- Beförderung der Ware bis zum benannten Bestimmungshafen
- Ausladekosten im vereinbarten Entladehafen
- Kosten für den Abschluss eines Versicherungsvertrages mit einer Mindestdeckung, die den Käufer vor der Gefahr des Verlustes oder Beschädigung der Ware beim Seetransport schützt

## 5.12 Kosten der Transportverpackung

Der Käufer ist verpflichtet, für eine transportgerechte Verpackung zu sorgen, sodass die Ware auf dem Transportweg vor Verlust oder Beschädigung geschützt ist.

- Hierzu ist es notwendig, dass der Verkäufer die Art des Transportes bereits bei Vertragsabschluss kennt.

## 5.12 Kosten der Transportverpackung

- Ist dem Verkäufer zur Zeit des Vertragsabschlusses die Art des Transportes nicht bekannt (z. B. bei der INCOTERM-Klausel EXW), reicht für die Exportkalkulation eine standardmäßige Verpackung aus.

Es empfiehlt sich in diesem Falle folgende Formulierung im Angebot/Kaufvertrag zu verwenden: „Die Lieferung erfolgt EXW (gemäß Incoterms 2010) zzgl. Kosten der erforderlichen Verpackung".

# Die Exportfinanzierung mit Banken 6

Mindestens für die Dauer des Warentransports und der Banküberweisung muss der Exporteur jedes Handelsgeschäft finanzieren. Zusätzlicher Finanzierungsbedarf entsteht, wenn er selber produziert und/oder Zahlungsziele gewähren muss. Sie liegen häufig bei 30–90 Tagen, in Einzelfällen darüber.

Investitions- und Anlagegüter haben Laufzeiten von mehreren Jahren.

Der Exporteur wird sich bei seiner Bank refinanzieren.

## 6.1 Laufzeiten der Exportkredite

Bei den Laufzeiten der Exportkredite unterscheidet man in

- kurzfristige Laufzeiten, bis zu 12 Monate
- mittelfristige Laufzeiten, 1 bis 2 Jahre
- langfristige Laufzeiten, 2 bis 6 Jahre,
- bei Großanlagen bis 10 Jahre und mehr.

## 6.2 Kurz- und mittelfristige Lieferantenfinanzierungen

Für die Bankfinanzierung des Forderungsbestands, größerer Einzelgeschäfte sowie der Produktionsdauer bieten sich diese Finanzierungsformen an:

## 6.2.1 Der Barkredit = Kontokorrentkredit

Der **Barkredit = Kontokorrentkredit** bietet die einfachste und schnellste Kreditvereinbarung. Die Bankentscheidung für die Höhe und Konditionen hängen von der Kundenbonität, der Firmenbilanz und von Sicherheiten ab. Er hat den höchsten Zinssatz, bietet jedoch den Vorteil, dass die Zinsen nur für die jeweilige Inanspruchnahme zu zahlen sind.

Die Unterform **Saisonkredit** ist meist ein zeitmäßig angepasster Barkredit für saisonbedingte Geschäfte für Ostern, Weihnachten, Sommer, Winter, Ernten usw.

## 6.2.2 Der Wechseldiskontkredit

Der **Wechseldiskontkredit** entspricht durch den Wegfall des zinsbevorzugten Bundesbankrediskonts dem Barkredit. Seine Bedeutung ist dadurch gesunken.

Die Rechtsposition der Wechselforderung mit Protestmöglichkeit ist unverändert besser als der einer einfachen Rechnung.

## 6.2.3 Sonderkredite am internationalen Euromarkt

Kreditnehmer mit guter Bonität können mit ihrer Bank **Sonderkredite** am internationalen Euromarkt zu Vorzugszinsen vereinbaren. Meist wird im Rahmen des Barkredits ein fester Bodensatz von der Bank an in- oder ausländischen Geldmärkten refinanziert. Der Libor, London Interbank Offered Rate, ist der häufigste Referenzzinssatz im internationalen Interbankengeschäft. Der Kundenzins hat einen Aufschlag, die Bankmarge.

## 6.2.4 Der Avalkredit

Für die Eröffnung von Bankgarantien und Importakkreditiven ist die Einräumung eines **Avalkredits** erforderlich. Für die Kreditlinie gelten die Richtlinien des Barkredits. Der Zins liegt zwischen 1–3 % p. a.

## 6.2.5 Projektfinanzierungen

Bei größeren in sich geschlossenen Handelsgeschäften ab mindestens EUR 100.000,– können selbstständige **Projektfinanzierungen** mit eigenen Handelslinien

## 6.2 Kurz- und mittelfristige Lieferantenfinanzierungen

vereinbart werden. Die Krediteinräumung erfolgt weitgehend losgelöst von bestehenden Krediten und der Bilanz. Entscheidender sind hier die einzuschätzende Vertragserfüllung des Händlers und vor allem der gesicherte Zahlungseingang beim Verkauf z. B. durch ein bestätigtes Akkreditiv.

Sowohl Exporte als auch Importe können so finanziert werden.

### 6.2.6 Die Forfaitierung

Für die attraktive **Forfaitierung** eignen sich

- Akkreditive mit hinausgeschobener Zahlung (= deferred payment LC),
- Wechselforderungen mit Bankaval sowie
- Buchforderungen mit Bankgarantien.

Der Forderungsverkauf à forfait erfolgt ohne Rückgriffsrecht auf den Verkäufer, also den Exporteur, bringt Liquidität und entlastet seine Bilanzverhältnisse.

Bei normalen Schuldnern ist der Zins günstiger im Vergleich zum Barkredit.

Bei echten Problemländern und -banken hat die Forfaitierung einen preislichen Risikoaufschlag, ist aber oft die einzige Lösung für eine Risikoausschaltung.

### 6.2.7 Das Factoring

Factoring ist der Verkauf der gesamten Buchforderungen an einen Factor oder eine Factoringbank, unabhängig davon, ob der Käufer = Faktor die Haftung für die Zahlungsfähigkeit der Schuldner übernimmt. Nur wenn der Factor das Zahlungsrisiko bei Insolvenz des Schuldners = Delkredererisiko übernimmt, ist das Importeurrisiko abgesichert. Oft muss der Verkäufer einen Selbstbehalt von 10 % übernehmen.

Das Factoring entstand in der Textilbranche und hat sich auf viele Bereiche ausgeweitet. Großhändler und Importeure liefern ihre Waren an viele Einzelhändler und Boutiquen. Die Buchhaltung sowie das Überwachungs- und Mahnwesen sind stark beansprucht. Zahlungsausfälle kommen aufgrund mangelnder Bonitätskenntnisse vor. Hohe Außenstände bedingen Liquiditätsbedarf.

Factoringgesellschaften übernehmen diese Aufgaben mit dem Forderungsankauf. Zusätzlich zur Debitorenbuchhaltung bieten sie die Absicherung des Delkredererisikos und die Liquiditätsbeschaffung durch Bevorschussung der Forderungen an.

Factoring ist dann empfehlenswert, wenn

- viele Forderungen an kleine und mittlere Kunden bestehen,
- die eigene weltweite Bonitätsprüfung und -überwachung aufwendig ist,
- Importeurrisiken vieler Adressen abgesichert werden sollen,
- die eigene Debitorenbuchhaltung für effektives Mahnwesen und Forderungseinzug überfordert ist,
- Liquiditätsbedarf nicht von Banken finanziert wird.

An den Factor muss das gesamte Forderungspaket verkauft werden, die Angebotsleistungen jedoch werden wahlweise abgeschlossen. Große Factoringgesellschaften mit dem gesamten Angebotsumfang sind z. B. Heller Factoring, Coface Finanz und Euler Hermes.

**Kosten**
Der Umfang der Dienstleistung bestimmt die Kosten. Grundsätzlich sind sie höher als eine reine Bankfinanzierung. Sie setzen sich aus dem Zinssatz für die Vorfinanzierung, der Factoringgebühr und der Delkredereprüfung zusammen.

## 6.3 Die mittel- und langfristigen Finanzierungen

**Die ungeliebte Lieferantenfinanzierung**
Wunschgemäß kreditiert der deutsche Exporteur von Investitions- und Anlagegütern den Lieferbetrag an den Importeur mit einer Laufzeit von mehreren Jahren. Beim Exporteur entsteht somit Liquiditätsbedarf, er muss sich um seine Refinanzierung kümmern.

Die klassische Refinanzierung bei seiner Bank belastet seine Kreditlinien oder er benötigt gar zusätzliche Kreditlinien. Außerdem werden die Bilanzverhältnisse durch „Aufblähen" der Bilanzzahlen ungünstig beeinflusst.

### 6.3.1 Die Risiken bei der Exportfinanzierung sind:

Wirtschaftliche Risiken

- Zahlungsunfähigkeit des Käufers (= Importeurrisiko)
- Konkurs, Vergleich, Zwangsvollstreckung beim Käufer

## 6.3 Die mittel- und langfristigen Finanzierungen

Politische Risiken

- Ländermaßnahmen, Krieg, Aufruhr und Revolution verhindern die Zahlung oder die Vertragserfüllung durch den Exporteur
- Konvertierungs- und Transferverbot im Ausland
- Kursverluste durch Abwertung im Ausland, obwohl der Käufer zwischenzeitlich bezahlt hat
- Warenverlust durch Beschlagnahme, Vernichtung oder Beschädigung ohne Versicherungsmöglichkeit

Die Risiken in der Zeitenfolge des Exportgeschäfts sind in Abb. 6.1 dargestellt. Zu den Fabrikationsrisiken zwischen Vertragsabschluss und Warenversand zählen:

- Der Käufer wird zahlungsunfähig. Für den Exporteur wird die Vertragserfüllung unmöglich oder unzumutbar.
- Die politische oder wirtschaftliche Situation im Ausland führt zu Zahlungsausfällen.
- Der Käufer wird vertragsbrüchig.
- Die inländische Regierung verbietet die Ausfuhr in ein Land aus wirtschaftlichen oder politischen Gründen.
- Inländische oder fremde Embargomaßnahmen.

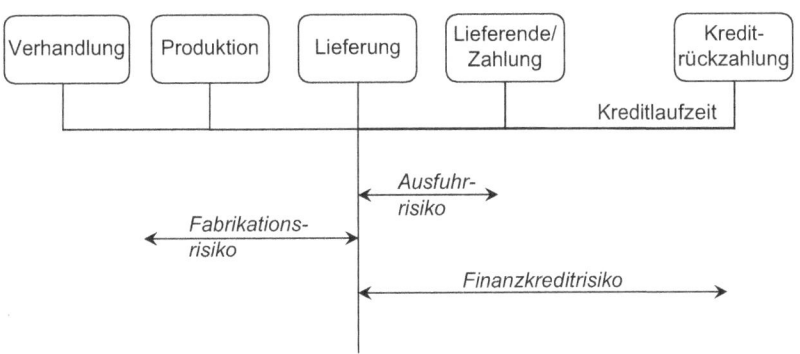

Mögliche Finanzrisiken beim Export
Werner Dörfler

**Abb. 6.1** Mögliche Finanzrisiken beim Export

Das Ausfuhrrisiko beinhaltet alle oben genannten Risiken vom Zeitpunkt der Warenlieferung oder Leistungserbringung bis zum Zahlungseingang mit oder ohne Zahlungsziel.

Beim Finanzkreditrisiko übernimmt die Bank die Finanzierung eines Zahlungsziels und trägt das Zahlungsrisiko.

Jeder Exporteur strebt die Absicherung von Risiken an. Das ist möglich, aber mit Kosten verbunden.

### 6.3.2 Die Risikoabsicherungen durch die staatliche Hermesdeckung

**Begriff Hermesdeckung**

Die Euler Hermes Kreditversicherungs-AG und die PricewaterhouseCoopers Aktiengesellschaft Wirtschaftsprüfungsgesellschaft (PwC AG) bearbeiten im Auftrag und für Rechnung der Bundesrepublik Deutschland die staatlichen Exportkreditgarantien. Die Euler Hermes Kreditversicherungs-AG, Hamburg, ist in diesem Konsortium der Federführer, woraus sich der in der Wirtschaft geläufige Begriff Hermesdeckungen erklärt.

**IMA**

Exportkreditgarantien dienen der Erschließung schwieriger Märkte und der Aufrechterhaltung wirtschaftlicher Beziehungen auch in ungünstigen Zeiten. Mit der Übernahme von Hermesdeckungen können deutsche Exporteure und Kreditinstitute ihre Käufer- und Länderrisiken aus Exportgeschäften absichern. Die mittelständische Wirtschaft wird dabei besonders gefördert. Ein interministerieller Ausschuss (=IMA) entscheidet über Deckungszusagen. Er setzt sich aus Personen von Ministerien, Banken und der Wirtschaft zusammen.

Deckungen für staatliche Abnehmer werden als Ausfuhrbürgschaften bezeichnet, für private Abnehmer sind es Ausfuhrgarantien.

**Politische und wirtschaftliche Risiken**

Hermes sichert politische und wirtschaftliche Risiken.

Diese politischen Risiken (=Länderrisiko) werden gedeckt:

- Forderungsausfälle durch gesetzgeberische oder behördliche Maßnahmen, kriegerische Ereignisse, Aufruhr oder Revolution im Ausland (sogenannter allgemeiner politischer Schadenfall)

## 6.3 Die mittel- und langfristigen Finanzierungen

- Schadenfälle aus nicht durchführbarer Konvertierung und Transferierung der vom Schuldner in Landeswährung eingezahlten Beträge durch Beschränkungen des zwischenstaatlichen Zahlungsverkehrs = Devisenknappheit (in der Vergangenheit der häufigste Schadenfall)
- Verluste von Ansprüchen aus nicht möglicher Vertragserfüllung aus politischen Gründen
- Verluste von Waren vor Gefahrübergang infolge politischer Umstände (Ware ist beim Käufer z. B. wegen Beschlagnahme, Zerstörung etc. nicht eingetroffen)

Wirtschaftliche Risiken sind

- Forderungsausfälle im Nichtzahlungsfall (protracted default)
- Forderungsausfälle durch Konkurs, amtlichen oder außeramtlichen Vergleich, erfolglose Zwangsvollstreckung und Zahlungseinstellung

**Exporte in Problemländer**
Exporte – und hier vor allem Investitionsgeschäfte mit längeren Kreditlaufzeiten – in Märkte mit erhöhten Risiken lassen sich oft nur mithilfe der staatlichen Exportkreditversicherung realisieren. Deshalb haben alle westlichen Industrieländer, aber auch einige Entwicklungs- und Schwellenländer, staatliche Exportkreditversicherungssysteme zur Förderung der einheimischen Exportwirtschaft aufgebaut. Mit den Hermesdeckungen erhalten somit deutsche Exporteure Chancengleichheit im internationalen Wettbewerb. So wird ein Großteil der Ausfuhren in Entwicklungs- und Schwellenländer mit Hermesdeckungen abgesichert. Auf diese Länder entfallen rund 75 % aller Ausfuhrgewährleistungen.

Dagegen können Hermesdeckungen für marktfähige Risiken nicht übernommen werden. Derartige kurzfristige Kreditgeschäfte sind bei Bedarf über private Ausfuhrkreditversicherungen oder andere private Absicherungsinstrumente von Banken abzudecken.

**Breite Angebotspalette**
Für jedes Exportgeschäft gibt es passende Absicherungsmöglichkeiten. Von Einzeldeckungen, Ausfuhr-Pauschal-Gewährleistungen und Finanzkreditdeckungen bis hin zu Deckungen für Projektfinanzierungen.

Entsprechend dem Ablauf eines Exportgeschäfts gibt es Deckungen für

- das Fabrikationsrisiko
- das Ausfuhrrisiko
- das Finanzkreditrisiko

**15 % Anzahlung**
Die Hermes-Bedingungen sehen für jedes Geschäft mindestens 15 % Anzahlung vor. Die Deckung beträgt somit maximal 85 % des Auftragswertes. Bei einer vereinbarten höheren Anzahlung, z. B. 30 %, verringert sich die Deckung, hier logischerweise auf 70 % des Auftragswertes.

**Selbstbehalt**
Bei jedem Geschäft muss der Exporteur im Zahlungsausfall einen Selbstbehalt übernehmen. Dieser beträgt bei politischen Risiken 5 % und bei wirtschaftlichen Risiken 15 %.

**Kosten**
Das Hermes-Entgelt setzt sich aus der Bearbeitungsgebühr und der Prämie zusammen und ist abhängig vom Betrag, der Laufzeit und vor allem der Länderkategorie. 1 ist die günstigste, 7 ist die schlechteste.
 Selbstverständlich erstellt die Hausbank eine Hermes-Kostenrechnung für die Preiskalkulation.

**Export Credit Agency ECA**
Jedes bedeutende Exportland hat eine Exportkreditversicherung analog der deutschen Hermes-Versicherung. Die Wichtigsten sind:

| | |
|---|---|
| Frankreich | COFACE |
| Großbritannien | ECGD |
| Italien | SACE |
| Österreich | OEKB |
| USA | EXIMBANK |

### 6.3.3 Der ungeliebte Lieferantenkredit

**Wesen, Ablauf, Refinanzierung**
Kreditiert der deutsche Exporteur den Lieferbetrag an den Importeur mit einer Laufzeit von mehreren Jahren, dann entsteht für ihn Liquiditätsbedarf und er muss sich um eine Refinanzierung kümmern.
 Die klassische Refinanzierung bei seiner Bank mit dem Hermes-gedeckten Lieferantenkredit (Schema siehe Abb. 6.2) belastet seine Kreditlinien oder er benötigt gar zusätzliche Kreditlinien. Außerdem werden die Bilanzverhältnisse durch „Aufblähen" der Bilanzzahlen ungünstig beeinflusst.

## 6.3 Die mittel- und langfristigen Finanzierungen

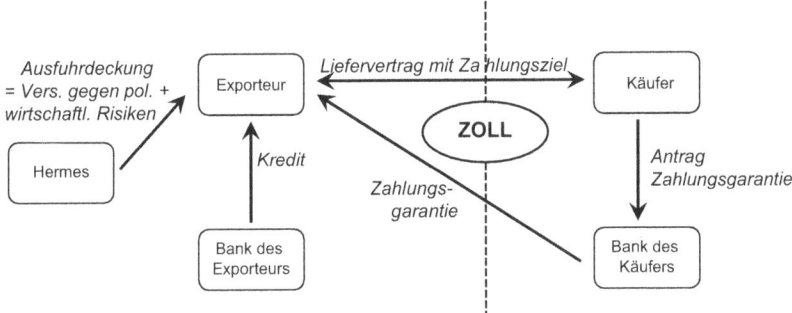

**Abb. 6.2** Hermes-gedeckter Lieferantenkredit. (Quelle: Eigene Analyse)

**Die Höhe von An- und Zwischenzahlungen sind kostenentscheidend**
Gerade bei der Lieferantenfinanzierung ist die Höhe der vereinbarten An- und Zwischenzahlungen refinanzierungs- und kostenentscheidend für den Exporteur.

Die Prozentsätze sind frei verhandelbar. Obligatorisch und den Hermes-Bedingungen entsprechend sind mindestens 15 % An- und Zwischenzahlungen spätestens bis zur Lieferung.

Im Maschinenbau kommen auch bessere Vereinbarungen vor:
Z. B.

- 20 % Anzahlung
- 80 % innerhalb von 3 Jahren nach Warenversand, zahlbar in 6 Halbjahresraten

Teilweise sind Anzahlungen bis 50 % feststellbar.

**Betriebsbereitschaft mit Spätesttermin**
Häufig bedingt der Importeur die Freigabe von 10 % Restzahlung (die mitfinanziert werden soll) nach ordnungsgemäßer Übernahme oder Inbetriebnahme der Maschinen. Dafür ist ein Übernahme- oder Inbetriebnahmezertifikat auszustellen, das die Unterschriften des Exporteurs und des Importeurs zu tragen hat.

Dies kann eine (unbeabsichtigte) Falle für den Exporteur sein:
Was passiert, wenn der Importeur aus irgendeinem Grund seine Unterschrift verweigert? Dann wird die Restzahlung nie fällig!

Deswegen wird dringend empfohlen, hier eine Spätestfrist, z. B. 90 Tage nach Warenversand, einzusetzen!

Die Vereinbarung lautet dann z. B.

- 20 % Anzahlung
- 70 % innerhalb von 3 Jahren nach Warenversand, zahlbar in 6 Halbjahresraten
- 10 % innerhalb von 3 Jahren ab Inbetriebnahme, spätestens jedoch 90 Tage nach Warenversand, zahlbar in 6 Halbjahresraten.

Zur Vereinfachung und zur einheitlichen Ratenermittlung ist ein gleichzeitiger Ratenbeginn sinnvoll. Z. B. kann die Ratenlaufzeit für die 70 % mit der Inbetriebnahme, spätestens 90 Tage nach Warenversand, beginnen.

### 6.3.4 Der Bestellerkredit ersetzt den Lieferantenkredit

**Wesen und Ablauf des Hermes-gedeckten Bestellerkredits**
Im Gegensatz zum Lieferantenkredit ist dies eine Bankfinanzierung direkt an den Käufer oder seine Bank. Es kommen nur langlebige Investitionsgüter in Frage. Da der Kreditnehmer seinen Sitz im Ausland hat und lange Laufzeiten bestehen, ist die Hermes-Deckung übliche Voraussetzung (Ablaufschema siehe Abb. 6.3).
Merkmale:

- Falls der Importeur keine entsprechende Größe und Bonität hat, ist die Zahlungsgarantie einer Bank (meist seiner Hausbank) nötig.
- Aufgrund langjähriger Laufzeit ist eine Versicherung gegen politische und wirtschaftliche Risiken (= Länderrisiko) nötig. Für diese sog. Finanzkreditdeckung

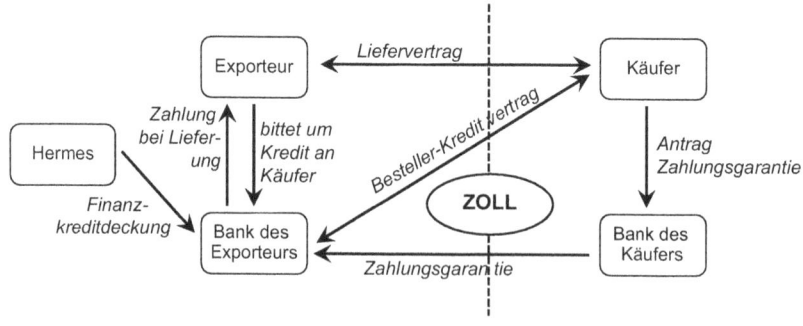

**Der Bestellerkredit**
Werner Dörfler

**Abb. 6.3** Der Bestellerkredit

## 6.3 Die mittel- und langfristigen Finanzierungen

ist die staatliche Hermes-Versicherung zuständig (staatliche Förderung des Exports). Die Antragstellung erfolgt von der Bank.

- I. d. Regel 15 % des Auftragswertes als Anzahlung und/oder Zwischenzahlung
- Maximal 85 % des Auftragswertes können finanziert werden
- Hermes versichert 95 % des Kreditbetrags. Für den 5 % Selbstbehalt der Bank verlangt diese eine Risikoprovision.
- Auszahlung des Kredits pro rata Lieferung/Leistung an den Exporteur
- Mindest-Auftragswert ca. EUR 1.000.000
- Kreditlaufzeit: 3 bis 10 Jahre
- Rückzahlung in gleichhohen, aufeinanderfolgenden, halbjährlichen Raten
- Kreditwährung EUR, USD oder eine andere konvertierbare Währung
- variabler Zinssatz oder Festsatz möglich für die jeweilige Kreditlaufzeit

**Lukrative Vorteile für den Exporteur**
Die Vorteile für den Exporteur sind:

- Bessere Warenverkaufschancen durch Vermittlung einer Finanzierung
- Keine aufwendigen Verhandlungen über Finanzierungsfragen. Diese erledigt die Bank.
- Kein Ausweis in seiner Bilanz
- Barzahlung nach Lieferung
- Keine wirtschaftlichen und politischen Risiken

Mit der **Exporteurerklärung** übernimmt der Exporteur die Haftung gegenüber seiner Bank und Hermes, dass er vertraglich ordnungsgemäß geliefert hat und er die Hermeskosten bezahlt.

▶ Tipp – Käuferzinskalkulation: Die Bank bietet eine Käuferzinskalkulation an. Diese Aufstellung insbesondere für den Besteller enthält alle Zinsen und Bankkosten. Sie kann auch die Risikoprovision für den 5 % Selbstbehalt der Bank ausweisen, den der Exporteur über den Kaufpreis oder die Bankkosten an den Besteller abwälzen will.

### 6.3.5 Schnelle Finanzierungen mit Besteller-Rahmenkrediten

Der Aufwand für Verhandlungen und der 50- bis100-seitigen Dokumentation eines Bestellerkredits ist relativ groß und zeitraubend. Daher die Mindestbeträge von rund 1 Mio. EUR.

Etliche deutsche Geschäftsbanken, aber auch die Kreditanstalt für Wiederaufbau, KfW, Frankfurt, haben mit ausländischen Banken Vereinbarungen über künftige Bestellerkredite zwischen deutschen Exporteuren und Importeuren in ihrem jeweiligen Land getroffen.

Diese Rahmenverträge für Bestellerkredite (Rahmenkredite) enthalten alle allgemeinen Angaben zu einem Bestellerkredit. Insbesondere auch, dass eine staatlich gestützte Versicherung das wirtschaftliche und politische Risiko übernimmt.

Dass die Finanzierung eines Exports über einen Rahmenkredit vorgenommen werden soll, ist in den Zahlungsbedingungen des Liefervertrags zwischen Exporteur und Importeur aufzunehmen. Ist die Bank des Importeurs bereit, diese Finanzierung aufzunehmen, also das Importeurrisiko zu übernehmen, dann schließen die beiden Banken einen Einzelkreditvertrag ab. Dieser bezieht sich auf den Rahmenkreditvertrag und hat mit den Lieferdaten, Kreditbetrag, Zinssatz, Auszahlungs- und Rückzahlungstermin nur noch ca. 3 Seiten.

Vorteile für den Exporteur:

- Schnelle und unkomplizierte Lösung für einen eleganten Bestellerkredit
- Ebensolche Lösung für seinen Abnehmer
- Mindestbetrag bereits ab ca. EUR 200.000
- Sein Angebot für eine solche Finanzierung erhöht seine Chance für den Abschluss eines Liefervertrags. Insbesondere in einer Wettbewerbssituation.

### 6.3.6 AKA - Kredite

Die AKA Ausfuhrkredit GmbH, Frankfurt, ist eine Spezialbank für die deutsche mittel- bis langfristige Exportfinanzierung. Im Konsortium dieser Bank sind alle großen deutschen Banken beteiligt. AKA-Kredite wurden früher aus den Plafonds A, B, C, D, E, zur Verfügung gestellt. Heute werden alle Kredite im Plafond E beantragt:

Die Lieferantenfinanzierung:

- Zur Refinanzierung der Produktions- und Forderungsfinanzierung des Exporteurs.
- Die Antragstellung erfolgt durch die Hausbank des Exporteurs.
- Die Mindestlaufzeit beträgt 12 Monate.
- Hermes-Bedingungen sind zu beachten.
- Die Zinshöhe ist abhängig vom Geld- und Kapitalmarkt.
- Separater **Globalkredit** für revolvierende Lieferungen an gleiche Käufer oder Bündelung kleiner Exportgeschäfte.

## 6.3 Die mittel- und langfristigen Finanzierungen

Die Bestellerfinanzierung:

- Besteller- oder Finanzkredit in Euro an ausländischen Importeur bzw. seine Bank. Antragstellung über deutsche Konsortialbank.
- Auszahlung an den deutschen Exporteur
- Hermesbedingungen u. a. für Höchstlaufzeit sind zu beachten.
- Mindestbetrag EUR 500.000
- Finanzierungsbetrag bis 100 % des Auftragswerts abzüglich mind. 15 % An- und Zwischenzahlungen ist möglich.
- Sämtliche marktgängige Zinskonditionen für variable oder Festzinsen sind möglich.

### 6.3.7 Interessante Vorteile der Forfaitierung

Zur Vollständigkeit der mittel- und langfristigen Finanzierungen muss die Forfaitierung hier nochmals ausführlich genannt werden.

Die Forfaitierung (franz. à forfait = in Bausch und Bogen) bezeichnet den regresslosen An- und Verkauf von kurz- und mittel- bis langfristigen Forderungen meist aus Exportgeschäften. Der Forfaiteur (=Bank) kauft verbriefte Forderungen des Exporteurs und lässt sich bestehende Sicherheiten durch Zession übertragen. Im Gegenzug zahlt er den Forderungsbetrag abzüglich eines Diskontabschlages an den Exporteur aus und fordert den Schuldner des Exporteurs zur Zahlung an ihn auf. Das Abkaufschema zeigt die Abb. 6.4.

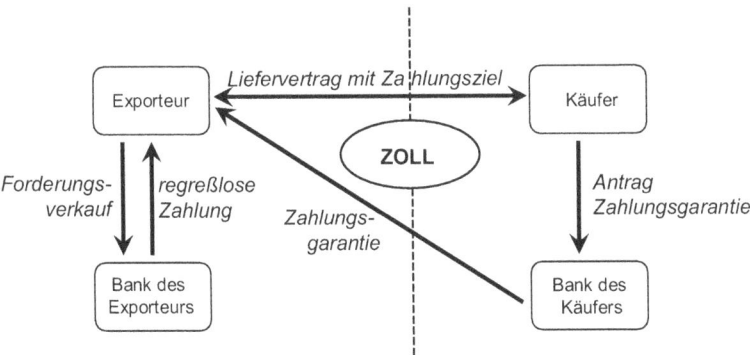

**Abb. 6.4** Die Forfaitierung. (Quelle: Eigene Analyse)

Der Exporteur haftet dem Forfaiteur nur

- Für Mängel aus dem Grundgeschäft und
- Für das Bestehen der Forderung.

**Welche Forderungen sind forfaitierbar?**
Die Forderungen müssen abstrakt, unwiderruflich und abtretbar sein. Das sind:

- Ansprüche aus Akkreditiven mit hinausgeschobener Zahlung (=deferred payment). Die Akkreditive können mit oder ohne Bankbestätigung sein.
- Wechselforderungen (Solawechsel) mit Bankaval
- Buchforderungen gegen bonitätsmäßig einwandfreie Schuldner oder
- Buchforderungen mit Bankgarantie

Zusätzlich zu Exportgeschäften können auch Inlandsforderungen forfaitiert werden.
Die Fälligkeit muss ein festes Datum haben oder eindeutig bestimmbar sein, wie z. B. 60 Tage nach Versanddatum, d. h. „jjmmtt". Nicht möglich ist: fällig 60 Tage nach Warenankunft.
Die interessanten Vorteile auch bei den Kosten für den Exporteur sind:

- 100 % Abwälzung des politischen und wirtschaftlichen Risikos
- Problematische Länderrisiken ohne Exportkreditversicherung sind möglich
- Bei normalen Risiken zinsgünstig und Laufzeiten bis 5 Jahre
- Bilanzverkürzung und Verbesserung von Bilanzrelationen
- Geschäft mit Zahlungsziel wird zum Bargeschäft
- Kreditlinien werden geschont, Liquidität wird erhöht
- Festzinssatz für die gesamte Laufzeit
- Schnelle und unkomplizierte Handhabung
- Übernahme des Währungsrisikos durch den Forfaiteur
- Keine Verwaltung von Wechseln und kein Überwachen des Einzugs

Tipps für den Exporteur:

- Mitangebot einer Finanzierung ist oft ein Wettbewerbsvorteil und erhöht die Chance zum Vertragsabschluss
- Der rechtzeitige Kontakt mit der Hausbank kann klären, ob die Importeurbank für eine Forfaitierung geeignet ist. Auch die Forfaitierungskosten, also der Diskontsatz, kann festgestellt werden.

## 6.3 Die mittel- und langfristigen Finanzierungen

- Lehnt eine Bank die Risikoübernahme ab, kann im Voraus mit einer anderen Bank verhandelt werden, vielleicht übernimmt sie es.
- Die Hausbank erstellt gerne eine Zinskalkulation (auf Diskontbasis). Der Zinsbetrag kann in den Kaufvertrag aufgenommen werden, falls der Importeur ihn bezahlt.
- **Hinweis**: Oft erfolgt diese Berechnung nicht rechtzeitig oder unkorrekt und führt zu Ärger mit dem Importeur oder zu ungewollter Kostenbeteiligung des Exporteurs

### 6.3.8 Exportleasing

**Cross-Border-Leasing und der Ablauf**
Exportleasing oder Cross-Border-Leasing ist die Form des Leasing, bei dem Leasing-Geber und Leasing-Nehmer ihre Geschäftssitze in unterschiedlichen Ländern haben. Leasing ist eine spezielle Form der Überlassung von Investitionsgütern sowie deren Beschaffung und Finanzierung (siehe Abb. 6.5.).

**Leasing-Geber und Leasing-Nehmer**
Der Leasing-Geber (Bank) stellt dem Leasing-Nehmer (Mieter) die Nutzung eines Gegenstandes gegen laufendes Entgelt für einen gewissen Zeitraum zur Verfügung. Er bleibt Eigentümer des Leasing-Objekts.

Weder innerhalb der Europäischen Union noch im außereuropäischen Ausland sind steuerliche Gesetze für Eigentumszurechnung, Bilanzierungsrichtlinien, steuerliche Absetzbarkeit der Leasingraten, Behandlung des Leasing als Kreditgeschäft, Bankenaufsicht usw. geregelt. Daraus ergeben sich in manchen Importländern, wie z. B. in Osteuropa, lukrative Kostenvorteile. Meist kennen Banken in Deutschland solche Besonderheiten und weisen darauf hin.

Nach Ablauf des Leasingvertrages mit Raten für eine Vollamortisation kann der Leasingnehmer das Objekt zu einem vertraglich bestimmten, geringen Wert kaufen. Oder der Endwert des Objekts wird nach Ablauf der Leasingdauer von ihm garantiert.

Beim Exportleasing wird die Sicherheit nicht auf das Investitionsgut abgestellt, sondern es wird eine Hermes-Ausfuhrdeckung verlangt. Den Exporteurselbstbehalt von 15 % bzw. 10 % muss der Leasinggeber übernehmen, was die Finanzierungskosten erhöht.

Nach deutschem Leasingerlass ist zwischen dem rechtlichen und wirtschaftlichen Eigentum zu unterscheiden. Das rechtliche Eigentum erwirbt der Leasingnehmer erst bei Ende der Leasingdauer mit Zahlung des Kaufpreises.

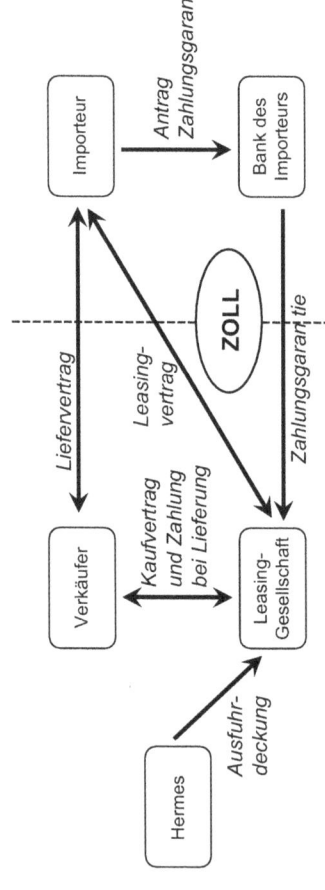

**Abb. 6.5** Das Exportleasing. (Quelle: Eigene Analyse)

## 6.3 Die mittel- und langfristigen Finanzierungen

Das wirtschaftliche Eigentum geht dagegen bereits zu Beginn des Vertragsverhältnisses auf den Leasingnehmer über, da ihm von Anfang an das Nutzungsrecht an dem Leasinggut zusteht.

Länderabhängige Vorteile beim Exportleasing für den Importeur:

- Zoll und/oder Einfuhrumsatzsteuer werden bis zum Ende der Leasingdauer gestundet oder auf die Zahlungstermine der Leasingraten verteilt.
- Zoll und Einfuhrumsatzsteuer wird nur auf den Restkaufpreis berechnet.
- Keine Stempelsteuer auf die Zinsanteile wie bei Kreditraten
- Keine Bilanzierungspflicht, dadurch Verbesserung der Bilanzrelationen
- Volle Absetzung der Leasingraten als Betriebsausgaben anstelle relativ lange Abschreibungen

Die Vorteile des Exportleasing für den Exporteur sind:

- Geschäft mit Zahlungsziel wird zum Bargeschäft.
- Sofortige Liquidität
- Keine wirtschaftlichen oder politischen Risiken
- Keine Debitorenbuchhaltung
- Sein Exportleasing-Angebot ist sein Wettbewerbsvorteil und erhöht seine Chancen zum Vertragsabschluss.

### 6.3.9 Multisourcing Export Finance

Bei Großaufträgen und im Anlagenbau ergibt sich oft aus Kostengründen oder wegen bestimmter Bauteile ein Exporteurkonsortium aus mehreren Ländern. Ist eine langfristige Finanzierung über den Gesamtbetrag gewünscht, dann muss eine Bestellerfinanzierung unter Einbeziehung aller Kreditversicherer der Exportländer strukturiert werden.

Große Geschäftsbanken haben das Know-how, mit ausländischen Exportkreditversicherern zu verhandeln und internationale Finanzierungsverträge zu erstellen, die auch auf die jeweiligen Lieferverträge abgestimmt sind.

Diese Finanzierung aus einer Hand mit Beteiligung mehrerer ausländischen Lieferanten und Sicherheitengeber wird Multisourcing Export Finance genannt.

Es kann auch sein, dass ein Lieferland keine Deckungsmöglichkeit für das Importland hat. Dann muss die Produktionsverlagerung in ein anderes Land versucht werden, deren staatliche Exportkreditversicherung noch bereit ist, das politische und wirtschaftliche Risiko des Importlandes zu versichern.

## 6.3.10 Die Projektfinanzierung

**Cashflow**
Projektfinanzierungen braucht man für Investitionsvorhaben ab mindestens Euro 10 Mio., für die der laufende Ertragsrückfluss (=Cashflow) die Finanzierungsgrundlage sein soll.

Generell sind es Investitionen, wie Flughäfen, Meeresbrücken, Kraftwerke, Raffinerien, Telekommunikationsnetze, Satelliten, Flugzeugflotten, Kohle- und Erzgruben,

- mit sehr hohem Kapitalbedarf bis zu 1 Mrd. EUR
- mit Produkten oder Leistungen für feste Abnehmer, mit Abnahmegarantien oder einen bekannten und gut einschätzbaren Markt

Bei Beträgen ab dem zweistelligen USD-Millionenbereich wird die Gesamtfinanzierung von einer oder mehreren Bank arrangiert und unter eingeladenen interessierten anderen Banken syndiziert.

Grundstruktur:

- Kreditnehmer ist eine eigens gegründete Projektgesellschaft (=special purpose company).
- Grundlage der Kreditgewährung ist der betriebswirtschaftliche Erfolg des Projekts.
- Entscheidend ist daher die Wirtschaftlichkeitsplanung und Plausibilität des Exporteurs (=Contractor) und der beteiligten Parteien (=Sponsoren).
- Wird ein Rückgriff auf die Sponsoren oder andere Beteiligte ausgeschlossen, dann ist es eine „non-recourse"- Finanzierung.
- Bei begrenztem Rückgriff ist es eine „limited-recourse"-Finanzierung.
- Die Planungsphase dauert oft mehrere Jahre.

Vorgehen:

- Erster Schritt einer Planvorlage ist die Machbarkeitsstudie.
- Ihr folgt die Strukturierung in rechtlicher, kaufmännischer, organisatorischer und finanzieller Sicht.
- Wird es ein Betreibermodell mit dem Exporteur als BOT-Modell (=Build-Operate-Transfer)?

## 6.3 Die mittel- und langfristigen Finanzierungen

Vorteile:

- Eine Projektfinanzierung kann einem Sponsor eine Investition ermöglichen, die sich mangels Eigenkapital oder Bonität auf keine andere Weise darstellen lässt.
- Die Finanzierung kann auf viele Schultern verteilt werden.
- Versicherungen und supranationale Absicherungen wie Euler Hermes, Weltbank, Osteuropabank, IFC, können eingebunden werden. Das sind sog. „Multi-sources-Finanzierungen".

### 6.3.11 Gegengeschäfte = Kompensationsgeschäfte

**Countertrade**
Bei manchen Ländern werden Exporteure in Verhandlungen mit der Bitte oder Forderung nach Gegengeschäften (=Countertrade) konfrontiert. Ein großes Risiko für den Exporteur ist, wenn anstelle von Euro oder USD-Ware zufließen soll, die er nicht gebrauchen kann.

Ganz schwierig wird es, wenn die angebotenen Produkte schlechte Qualität haben, lange Lieferzeiten, veraltetes Design, oder wenn die Preisvorstellungen unrealistisch sind. Manchmal ist ein Exportauftrag davon abhängig. Im Extremfall ist der Nutzen eines abgelehnten Auftrags größer als ein Export mit Verlusten, Zeitaufwand und Ärger aus dem Gegengeschäft.

Allerdings können Vereinbarungen über Gegengeschäfte durchaus ertragreich sein. Es gibt Handelsfirmen, die sich auf solchen Warenhandel spezialisiert haben. Banken können Exporteure meist an solche Firmen vermitteln!

**Barter, buy back**
Gegengeschäfte sind alle Arten von Warentransaktionen, bei denen der Import einer Ware mit dem Export eines anderen Produktes gekoppelt wird. Ein Bartergeschäft ist der direkte Warentausch zwischen zwei Partnern. Beim Buy-back-Geschäft werden gelieferte Anlagen oder Maschinen mit den Produkten bezahlt, die damit hergestellt werden. Das erste große Buy-back-Geschäft in Deutschland waren die Röhrenlieferungen in die damalige UdSSR, die nach Fertigstellung der Gaspipeline mit russischem Erdgas bezahlt wurden.

Kompensationsgeschäfte können mit Bankgarantien für Pönalen kombiniert werden für den Fall, dass der Exporteur die Kompensationsware nicht abnimmt.

Bartergeschäfte können mit Export- und Importakkreditiven strukturiert sein. Dann will der Exporteur sein wirtschaftliches und politisches Risiko absichern.

Mittel- und langfristige Gegengeschäfte (=Parallelgeschäfte) können auch mit Hermes abgesichert werden.

### 6.3.12 Das Exportpaket und die Auftragskalkulation

Exporteure haben oft das Bedürfnis, ein größeres Exportgeschäft ganzheitlich mit einer Bank abzuwickeln. Manche Geschäftsbanken bieten hierfür Exportpakete an.
Vorteile für den Exporteur:

- Für ein anstehendes Exportgeschäft wird zu allen Abwicklungs-, Risiko- und Finanzierungsaspekten beraten.
- Eine Produktionsfinanzierung wird auf Wunsch angeboten.
- Angebote für eine Bestellerfinanzierung werden umgehend erstellt.
- Die maximalen Bank-Gesamtkosten können im Voraus vereinbart werden.

Das Exportpaket kann diese Abwicklungen beinhalten:

- Erstellung von Bietungsgarantie
- Erstellung von Anzahlungs-, Lieferungs- und Leistungsgarantie, Gewährleistungsgarantie
- Gutschrift sämtlicher Zahlungseingänge
- Produktionsfinanzierung
- Eröffnung von Importakkreditiven, bei Einkäufen im Ausland
- Abwicklung des dokumentären Zahlungsverkehrs
- Absicherung von Länder- und Währungsrisiken
- Beratung und Bereitstellung von Absatzfinanzierungen (Forfaitierung, Bestellerkredit usw.)

▶ **Tipp:** Manche Geschäftsbanken erstellen für den Exporteur eine Kalkulation des Auftragwerts.

Die allgemeinen Positionen dafür sind:

- Warenkosten
- Warennebenkosten
- Gewinn

Die Exportfinanzierungskalkulation liefert die Kosten, die für die Finanzierung und für die Hermes-Deckung anzusetzen sind. Zusätzlich werden auch die Kosten für die Zahlungsabwicklung berücksichtigt.

## 6.4 Die wichtigen Bankgarantien für den Exporteur

### 6.4.1 Was ist eine Bankgarantie?

Die Bankgarantie ist eine einseitige, selbstständige und selbstschuldnerische Zahlungsverpflichtung einer Bank, die auf erste Anforderung hin zu erfüllen ist. Sie ist abstrakt, d. h. losgelöst vom Grundgeschäft. Gleiches gilt für ein Akkreditiv. Für die Inanspruchnahme ist üblicherweise kein bestimmtes Dokument nötig, die schriftliche Behauptung, dass der Vertragspartner seine Verpflichtungen nicht erfüllt hat, genügt.

Mit einer Bankgarantie schützt man sich sicher vor Ausfällen und Risiken, die durch eine Nichterfüllung von vertraglichen Verpflichtungen entstehen können. Der Textinhalt einer Bankgarantie ist an keine Vorschriften gebunden. Bei der freien Gestaltung gilt, was geschrieben ist. Banken in Deutschland haben jedoch ihre Standardtexte zugunsten ihrer Kunden. Diese beinhalten grundsätzlich:

- eine kurze Bezugnahme auf das Grundgeschäft und die Garantieart;
- die abstrakte Erklärung, auf erste schriftliche Anforderung einen bestimmten Betrag zu zahlen;
- eine Befristung; alternativ ist eine unbefristete Gültigkeit;
- eventuell eine Inkrafttretungs- oder eine Reduzierungsklausel.

### 6.4.2 Diese Garantiearten kommen häufig vor

Wie das Schaubild in Abb. 6.6 zeigt, können bei einem einzigen Exportgeschäft neben verschiedenen Finanzierungs- und Sicherungsformen mehrere Garantiearten vorkommen. Im Schema beauftragt bei allen Garantien der Exporteur seine Bank zur Garantieeröffnung zugunsten des Importeurs bei der direkten Garantie oder zugunsten der Auslandsbank bei der indirekten Garantie. Die Auslandsbank (Bank des Importeurs) erstellt dann mit der Rückhaftung eine separate Garantie an den Importeur mit ihrem Landesrecht.

Muster: Exportgeschäft mit mehreren Bankgarantien

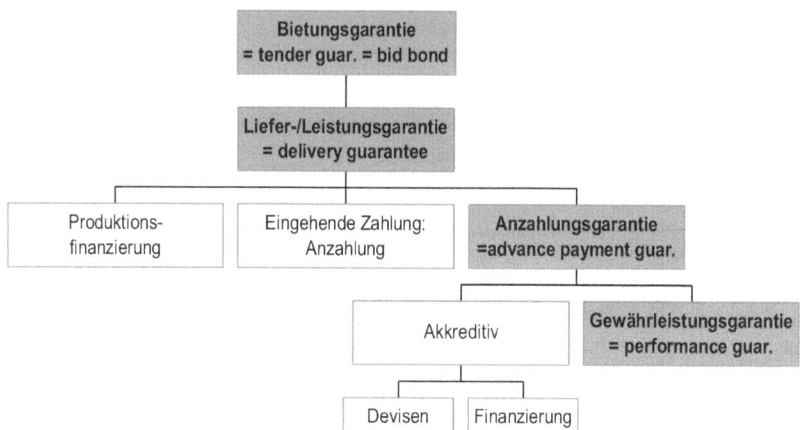

**Abb. 6.6** Exportgeschäft mit mehreren Bankgarantien

### 6.4.2.1 Die Zahlungsgarantie
Die Zahlungsgarantie, engl. payment guarantee, ist zugunsten des Exporteurs und wird von ihm in Anspruch genommen, falls der Importeur seine Zahlungsverpflichtungen nicht erfüllt. Sie bietet die gleiche Zahlungssicherheit wie ein Dokumentenakkreditiv. Wollen jedoch Käufer und Verkäufer für eine Zahlung einen ordentlichen Dokumentennachweis über vertragsgerechte Warenlieferungen, kommt nur das Dokumentenakkreditiv infrage.

### 6.4.2.2 Die Bietungsgarantie
Die Bietungsgarantie, engl. tender guarantee oder bid bond, wird bei vielen Ausschreibungsverfahren in Höhe von 1 bis 5 % vom Bietungswert verlangt. Die anbietenden Unternehmen sollen ihre Angebote nach Zuschlag aufrechterhalten oder Schadensersatz bezahlen. Die Kosten für eine neue Ausschreibung, damit verbundenem Lieferverzug oder Mehrkosten eines betragsmäßig höheren Angebotes sollen abgesichert werden.

### 6.4.2.3 Die Anzahlungsgarantie
Die Anzahlungsgarantie, gelegentlich auch Rückzahlungsgarantie genannt, engl. advance payment guarantee, sichert den Verlust der geleisteten Anzahlung im

Falle einer Veruntreuung oder eines Konkurses. Übliche Anzahlungen sind 15 bis 30 % des Vertragswertes.

#### 6.4.2.4 Die Lieferungs- und Leistungsgarantie
Die Lieferungs- und Leistungsgarantie, häufig auch Vertragserfüllungsgarantie genannt, engl. performance bond, beträgt bis ca. 20 % vom Vertragswert. Sie bietet Schadensersatz bei nicht vertragsgemäßen Warenlieferungen oder Dienstleistungen.

#### 6.4.2.5 Gewährleistungen und Garantieversprechen
Für vertragliche Gewährleistungen und Garantieversprechen dient die Gewährleistungsgarantie, engl. performance bond. Sie lautet über 5 bis 10 % des Vertragswertes.

**Empfehlung für den Exporteur**
Das Anbieten einer Gewährleistungs- oder Vertragserfüllungsgarantie in der Angebots/Verhandlungsphase kann in einer Wettbewerbssituation entscheidend für einen Geschäftsabschluss oder für die Durchsetzung höherer Preise sein.

### 6.4.3 Direkte Garantien sind kostengünstiger als indirekte Garantien

#### 6.4.3.1 Die direkte Garantie
Die direkte Garantie erstellt die Bank direkt zugunsten des Garantiebegünstigten (Abb. 6.7). Bei der Erstellung in Deutschland gilt deutsches Recht. Ausländisches Recht gilt bei einer im Ausland erstellten Garantie.

#### 6.4.3.2 Die indirekte Garantie
Bei der indirekten Garantie wird die Hausbank des Begünstigten eingeschaltet (Abb. 6.8). Diese berechnet ebenfalls Provision. Es gelten automatisch die Rechtsnormen des Ausstellerlandes.

Bei Avisierung einer Garantie an einen deutschen Exporteur prüft seine Bank in Deutschland die Echtheit und Erfüllbarkeit der Garantie und weist auf eventuelle Besonderheiten hin. Eine Zahlungsverpflichtung übernimmt die avisierende Bank damit nicht.

Manche (arabische) Länder akzeptieren keine direkten, sondern nur indirekte Garantien.

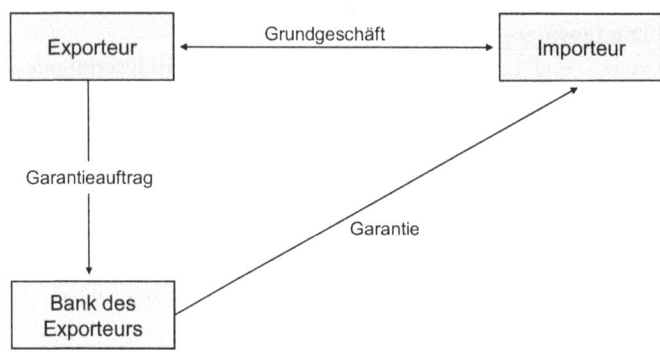

**Abb. 6.7** Die direkte Garantie

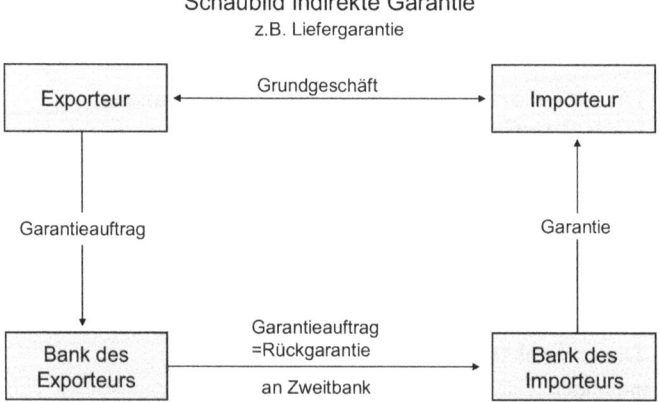

**Abb. 6.8** Die indirekte Garantie

## 6.4.4 Die befristete und unbefristete Garantie

### 6.4.4.1 Zeitlich befristete Garantie

Aus Sicht des deutschen Garantiegebers ist die zeitlich befristete Garantie zu empfehlen.

## 6.4 Die wichtigen Bankgarantien für den Exporteur

### 6.4.4.2 Die unbefristete Garantie

Der Gegensatz dazu ist die unbefristete Garantie. In arabischen Ländern kann es zu Komplikationen mit dieser Garantie geben. Bei der unbefristeten indirekten Garantie können in manchen Ländern die Avisprovisionen der Auslandsbank zulasten des deutschen Exporteurs für Garantiebeträge von EUR 20.000 – schon mehrere hundert Euro p. a. betragen.

### 6.4.5 Die Kreditkosten

Die Kreditkosten (= Avalprovision) in Deutschland für eine Bankgarantie betragen insbesondere abhängig von der Bonität des Auftraggebers 1 bis 3 % per annum.

### 6.4.6 Kostenvorteile für den Exporteur mit dem Einsatz von Bankgarantien

**Vorteil mit Bietungsgarantie**
Die Stellung einer geforderten Bietungsgarantie im Rahmen einer Ausschreibung eröffnet die Chance auf eine Geschäftsmöglichkeit.

**Vorteil mit Anzahlungsgarantie**
Mit dem Angebot an den Importeur, eine Anzahlungsgarantie zu stellen, wird oft eine sonst nicht mögliche Anzahlung erreicht. Der Zinsvorteil ist bei Kreditkunden bedeutend.

**Vorteil mit Liefer- und/oder Leistungsgarantie**
Mit dem Angebot an den Importeur, eine Lieferungs- und/oder Leistungsgarantie zu stellen, wird ein Wettbewerbsvorteil gegenüber den Konkurrenten erzielt. Außerdem lässt sich oft ein höherer Verkaufspreis durchsetzen.

**Vorteil mit Vertragserfüllungs- oder Gewährleistungsgarantie**
Mit dem Angebot an den Importeur, eine Vertragserfüllungs- oder Gewährleistungsgarantie zu stellen, wird ein Wettbewerbsvorteil gegenüber den Konkurrenten erzielt. Außerdem lässt sich oft ein höherer Verkaufspreis durchsetzen.

**Vorteil mit Zahlungsgarantie**
Die Zahlungsgarantie ist die einfachste und sicherste Zahlungssicherung durch eine Bank. Bei Zahlungszielen bietet sie außerdem den Vorteil einer zinsgünstigen Bankfinanzierung der Buchforderung. Ab Mindestbeträgen von ca.

100.000 EUR kann die Finanzierung in Form der Forfaitierung erfolgen, die eine Rückhaftung des Exporteurs ausschließt.

### 6.4.7 Risiken für den Exporteur und ihre Ausschaltung oder Begrenzung

**Erst zahlen, dann prozessieren**
Als Schlagwort bei einer Garantieinanspruchnahme des Begünstigten an den Garanten und letztlich an den Auftraggeber gilt: „Erst zahlen, dann prozessieren". Sehr häufig verläuft ein Handelsprozess im Ausland mit keinem oder wenig Erfolg, aber mit hohen Kosten.

Der Garantiepartner, also der Garantiebegünstigte im Ausland sollte als verlässliche Adresse bekannt sein. Der wirtschaftliche Verhandlungsweg sollte begangen werden, mit einer Verlängerung der bestehenden Garantie oder einer neuen Garantie.

## 6.5 Optimale Absicherungen für Fremdwährungen

Jeder Exporteur mit Forderungen oder Verbindlichkeiten in Fremdwährung hat das Risiko einer negativen Devisenkursänderung bis zur Fälligkeit bzw. bis zum Zahlungseingang oder Zahlungsausgang. Kursänderungen vom Zeitpunkt des Vertragsabschlusses, Produktionsbeginns oder des Warenversands bis zum Geldeingang können bei Gewährung eines Zahlungsziels von z. B. 90 Tagen 10 % und mehr betragen.

Es gibt Lösungen, dieses Risiko auszuschalten oder zu minimieren.

Die wichtigsten Währungen im Welthandel sind mit großen Abständen der US-Dollar, USD, der Euro, EUR, und das britische Pfund, GBP. Dann folgen mit ebenfalls großem Abstand der japanische Yen, JPY, und der chinesische Renminbi, RMB.

### 6.5.1 EU und Euro

Derzeit sind diese 19 Länder der Europäischen Union Mitglieder in der Europäischen
  Währungsunion:

- Belgien
- Deutschland

## 6.5 Optimale Absicherungen für Fremdwährungen

- Griechenland
- Spanien
- Frankreich
- Irland
- Italien
- Luxemburg
- Niederlande
- Österreich
- Portugal
- Slowenien
- Finnland
- Estland
- Lettland
- Litauen
- Malta
- Slowakei
- Zypern

Diese restlichen 9 EU-Länder sind nicht Mitglieder der Europäischen Währungsunion:

- Bulgarien
- Dänemark
- Großbritannien
- Polen
- Rumänien
- Schweden
- Tschechische Republik
- Ungarn
- Kroatien

Der festgelegte Umrechnungskurs EUR/DEM ist: 1 EUR = 1,95583 Deutsche Mark

### 6.5.2 Währungscharts, Kassageschäfte und Kursangaben

Von Banken, Wirtschaftsnachrichten und großen Tageszeitungen sind übersichtliche Devisencharts erhältlich. Oft lassen sich daraus Kurstendenzen ableiten, jedoch ohne Berücksichtigung von künftigen besonderen Geschehnissen. Der Chart (Abb. 6.9) für die Devisen-Kassakurse des US-Dollar = USD gegen den Euro in den letzten drei Jahren zeigt Kursunterschiede von über 10 % auf!

Die Abb. 6.9 zeigt das USD-Devisenchart USD/EUR der letzten 3 Jahre.

Das JPY-Devisenchart JPY/EUR der letzten 3 Jahre ist in Abb. 6.10 dargestellt.

### 6.5.3 Kassakurs und Mengennotiz

Angegebene **Kassakurse** gelten für sofort fällige Devisengeschäfte. Die valutamäßige Erfüllung erfolgt weltweit binnen zwei Tagen nach Abschluss. Dies hängt hauptsächlich mit oft notwendigen Kontoverfügungen in Übersee, wie z. B. beim USD, zusammen.

**Mengennotiz: Geld- und Briefkurs**

Seit Einführung des Euro hat Europa die Mengennotiz, die schon vorher in den angelsächsischen Ländern mit USD und englischem Pfund = GBP üblich war. Das heißt, die Banken nennen den Preis in Fremdwährung, für den sie 1 EUR ankaufen (niedriger Kurs = Geldkurs) und den Preis in Fremdwährung, für den

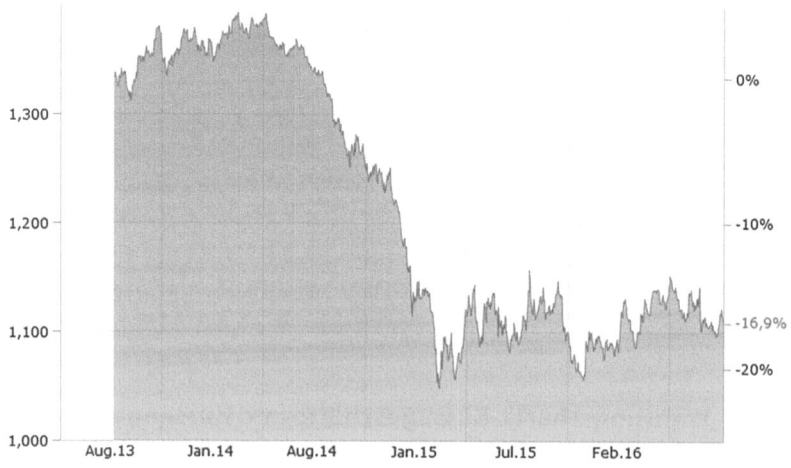

**Abb. 6.9** Devisenchart USD/EUR. (Quelle: www.finanzen.net)

## 6.5 Optimale Absicherungen für Fremdwährungen

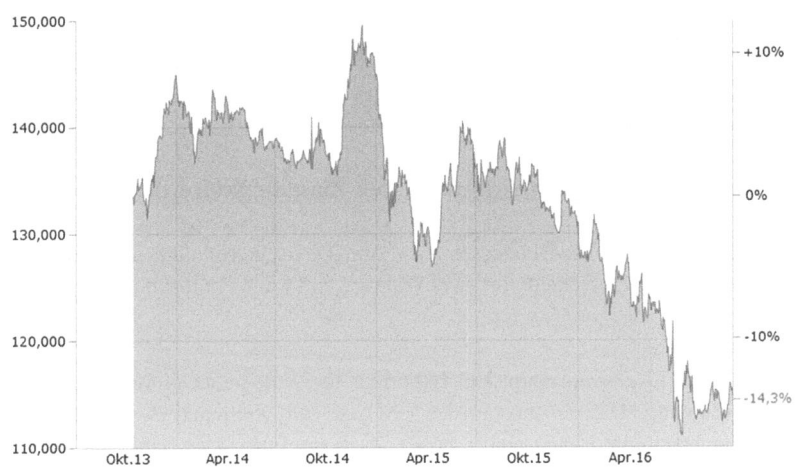

**Abb. 6.10** Devisenchart JPY/EUR. (Quelle: www.finanzen.net)

sie 1 EUR verkaufen (hoher Kurs = Briefkurs). Bietet der Exporteur z. B. USD der Bank gegen EUR an (er verkauft USD), dann verkauft ihm die Bank EUR zum USD–Briefkurs von angenommen 1,2780. Der Importeur braucht z. B. USD (er kauft USD) und zahlt in EUR: Die Bank kauft die EUR zum USD-Geldkurs von 1,2720 an.

### 6.5.4 Die einfachste und billigste Absicherung ist die Euro-Fakturierung

Sollte der Importeur aus irgendwelchen Gründen in seiner Landeswährung oder einer anderen gängigen Währung zahlen wollen, dann ist manchmal ein geringer Preisnachlass zur Erzielung der Euro-Fakturierung günstiger als eine notwendige bankmäßige Kursabsicherung von Fremdwährungen.

### 6.5.5 Die häufigste Absicherung ist das Devisentermingeschäft

Für jede handelsübliche Fremdwährung gilt: Wenn für den Exporteur der genaue Betrag und Termin des Zahlungseingangs feststeht, kann mit jeder internationalen

Bank der Umrechnungskurs im Voraus festgelegt werden. Das Devisentermingeschäft sichert den Exporteur gegen einen zukünftigen schlechteren Währungskurs ab. Am Fälligkeitstermin ist es zwingend zu erfüllen. Ein an diesem Termin für den Exporteur günstigerer Kurs ist gegenstandslos.

**Der Terminkurs errechnet sich durch den Zinsunterschied der zwei Währungen**
Der Unterschied des Devisenkassekurses zum Devisenterminkurs ist allein der rechnerische Zinsunterschied von zwei Währungen für eine bestimmte Laufzeit!

> **Praxisbeispiel**
> Ablauf- und Rechenprinzip: Ein Exporteur hat z. B. in sechs Monaten einen USD-Eingang. Das Zinsniveau des USD ist zum Zeitpunkt des abzuschließenden Devisentermingeschäfts höher als beim Euro. Die Bank nimmt zur eigenen Absicherung einen USD-Kredit mit sechs Monaten Laufzeit auf (zu höheren Zinsen als beim Euro) und verkauft die USD sofort in der Kasse gegen Euro. Diesen Euro-Gegenwert legt sie (zu niedrigeren Zinsen) sechs Monate lang an. Den sofort errechneten Zinsnachteil drückt sie im Terminkurs für den Exporteur aus. Dieser Terminkurs ist für den Exporteur ungünstiger als der aktuelle Kassekurs, wegen des Zinsnachteils bei der Bank, den sie an den Exporteur weiter gibt. Nach sechs Monaten zahlt sie den USD-Kredit aus dem USD-Zahlungseingang des Exports zurück. Den angelegten bzw. vereinbarten Euro-Betrag überweist sie an den Exporteur.
>
> Im umgekehrten Fall gilt bei niedrigerem Zinsniveau der Fremdwährung, dass der Devisenterminkurs für den Exporteur günstiger ist als der Kassekurs.

▶ **Wichtig:** Eine erwartete Kursentwicklung fließt in den Devisenterminkurs nicht ein!

**Laufzeitoption**
Häufig kann der Exporteur den Fremdwährungseingang wegen Zahlungsverzögerung oder Überweisungsdauer nicht taggenau fixieren. Dann wird das Devisentermingeschäfte mit einer Laufzeitoption zur Fälligkeit versehen. So kann der Exporteur innerhalb von maximal 4 Wochen zu vorgesehener Fälligkeit einlösen. Bei höherem Zinsniveau der Fremdwährung ist hier der errechnete Terminkurs für den Exporteur um den Zinsunterschied für die Laufzeit von vier Wochen ungünstiger.

6.5 Optimale Absicherungen für Fremdwährungen

## 6.5.6 Die Devisenoption mit Kurschancen

Option heißt Recht auf etwas.
Beim Devisenoptionsgeschäft wird ein Basiskurs nahe dem aktuellen Kassekurs vereinbart. Die Bank verpflichtet sich, diesen Kurs bei vereinbarter Fälligkeit zu zahlen. Der Exporteur hat das Recht, aber nicht die Pflicht, bei Fälligkeit dieses Geschäft einzulösen!
Wie verhält sich, abhängig vom Devisenkurs bei Fälligkeit des Devisenoptionsgeschäfts, der Exporteur?

- Ist der Kassekurs bei Fälligkeit für ihn ungünstiger als der Basiskurs oder gleich, nimmt er sein Recht aus dem Devisenoptionsgeschäft in Anspruch
- Ist der Kassekurs bei Fälligkeit für ihn günstiger als der Basiskurs, dann lässt er das Recht aus dem Devisenoptionsgeschäft ohne Nachteil verfallen und verkauft den Deviseneingang in der Kasse.

**Optionsprämie, Volatilität**
Der Preis für diese Kursversicherung bei der Bank mit Chancen auf unbegrenzt günstigere Kurse kostet eine sofort zahlbare Optionsprämie. Die Höhe der Prämie ist neben der Laufzeit hauptsächlich abhängig von der erwarteten Kursentwicklung und seiner Schwankungsbreite (=Volatilität).

▶ Tipp: Falls die Fremdwährung günstige Kurse erwarten lässt, gleichzeitig eine hohe Schwankungsbreite hat und der Exporteur sich absichern will oder muss, ist die Devisenoption die optimale Lösung.

**Kostensenkung**
Zur Senkung der Optionsprämie bieten die Banken Devisenoptionen mit begrenzten Kurschancen an, meist Zylinderoption genannt.

**Graphischer Vergleich Kassa-, Termin- und Optionsgeschäft**
(siehe Abb. 6.11)
Ein deutscher Exporteur fakturiert in USD, der Zahlungseingang ist in 6 Monaten:
Beim Kassageschäft: Es erfolgt keine Kurssicherung; der Zahlungseingang in USD wird bei Fälligkeit als Kassageschäft verkauft.
Beim Termingeschäft: Bei Vertragsabschluss werden die USD mit Termingeschäft verkauft. Der Terminkurs ist 1 EUR = 1,20 USD

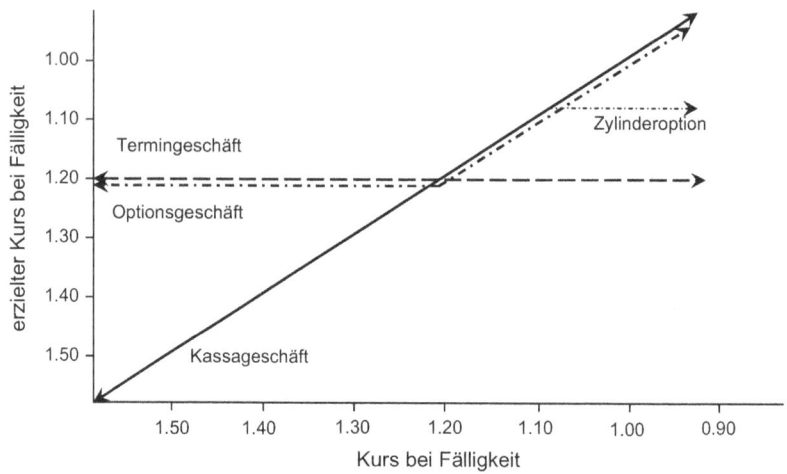

**Abb. 6.11** Graphischer Vergleich Kassa-, Termin- und Optionsgeschäft

Beim Optionsgeschäft: Bei Vertragsabschluss wird ein Devisenoptionsgeschäft abgeschlossen. Der Kauf einer USD-Verkaufsoption (PUT) mit Basispreis USD 1,20 kostet USD 0,02.
Alle Kurse günstiger als USD 1,20 sind ein Kursgewinn für den Exporteur.
Bei der Zylinderoption: Die Optionsprämie der Devisenoption wird auf USD 0,01 = Bandbreiteoption reduziert. Die Chance auf Kursgewinne wird bis Kurse von USD 1,12 beschränkt.

### 6.5.7 Die Forfaitierung löst auch das Währungsrisiko

Die Forfaitierung als Finanzierungsinstrument löst gleichzeitig das Währungsrisiko, weil die Forfaitierungsabrechnung für den Exporteur in Euro erfolgen kann und seine Rückhaftung ausgeschlossen ist.

### 6.5.8 Restrisiken bei der Wechseldiskontierung

**Diskontierung**
Mit der Diskontierung von Fremdwährungswechseln zugunsten von Euro-Konten erfolgt ein sofortiger Währungstausch. Das Kursrisiko bis zur Fälligkeit des

Wechsels ist für den Exporteur ausgeschlossen; aber nur, wenn der Wechsel vom Schuldner tatsächlich bezahlt wird.

**Rückrechnung mangels Zahlung**
Bleibt die Wechselschuld nach Fälligkeit unbezahlt, erfolgt eine Rückbelastung an den Exporteur zum dann aktuellen Devisenkurs.

### 6.5.9 Lieferverträge mit Währungsklausel

Gelegentlich nehmen Exporteure im Liefervertrag in Fremdwährung eine Währungsklausel auf. Darin kann festgelegt werden, dass bis zu einem bestimmten Zeitpunkt Devisenkursveränderungen von mehr als z. B. 3 % zulasten bzw. zugunsten des Importeurs gehen.

### 6.5.10 Innerbetriebliche Währungskompensation

**Vorteile mit Devisenkonto**
Sofern ein Exporteur in der gleichen Fremdwährung eingehende und ausgehende Zahlungen zu identischen oder ähnlichen Terminen hat, lohnt sich die innerbetriebliche Kompensation. Die Überweisungen werden über ein Devisenkonto bei der Bank abgewickelt. Neben der Ausschaltung des Währungsrisikos fallen als weiterer Vorteil keine Bankkosten für den Währungstausch (Briefkurs beim Kauf und Geldkurs beim Verkauf) an.

# 7 Außenwirtschaftsrecht und Länderbestimmungen verursachen Zusatzkosten

## 7.1 Nationale Rechtsgrundlagen

Die wichtigsten nationalen Rechtsgrundlagen sind:

- das Außenwirtschaftsgesetz, AWG
- die Außenwirtschaftsverordnung, AWV
- das Kriegswaffenkontrollgesetz, KWKG
- das Zollrecht
- das Ursprungs- und Wettbewerbsrecht
- das Steuerrecht

Während das Außenwirtschaftsgesetz, AWG, die Grundsätze im Außenwirtschaftsverkehr enthält, regelt die Außenwirtschaftsverordnung, AWV, die administrativen Einzelheiten und Formalien.

Das deutsche AWG ist vom Grundsatz der Freiheit des Außenwirtschaftsverkehrs geleitet. Motto: „Alles ist erlaubt, was nicht verboten ist."

Die AWV führt z. B. Meldevorschriften im Zahlungsverkehr auf.

Beim Zollrecht gilt grundsätzlich EU-Recht vor nationalem Recht, basierend auf dem internationalen Völkerrecht.

Das Allgemeine Zoll- und Handelsabkommen GATT (General Agreement on Tariffs and Trade) versuchte, weltweit gleiche Bedingungen im Zollrecht zu schaffen und so Hemmnisse im Handel abzubauen. Meistbegünstigung bedeutet hierbei gleiche Bedingungen für alle Staaten. Jedoch können zwischen einzelnen Staaten, insbesondere mit Entwicklungsländern, zusätzliche Vergünstigungen (Präferenzen) vereinbart werden. Seit 1.1.1995 ist die WTO, World Trade Organization, der UN, United Nations, in Genf Nachfolger des GATT.

Die wichtigsten zollrechtlichen Regelungen enthält das harmonisierte EU-einheitliche Zollrecht mit dem Zollkodex. Mit dem IT-Verfahren ATLAS erfolgt die automatisierte Abfertigung und Überwachung des grenzüberschreitenden Warenverkehrs mit den Zollbehörden.

Für Zollvorteile im Importland dient das IHK-beglaubigte Ursprungszeugnis, UZ, bei nicht-präferenziellem Ursprung. Die Warenverkehrsbescheinigung, WVB, des Zollamts hat diese Aufgabe bei präferenziellem Ursprung.

Ausfuhren aus Deutschland, also Exporte, sind von der Mehrwertsteuer, MwSt, befreit. Der Exporteur muss darüber Nachweise führen.

## 7.2 Länderbestimmungen

Länderbestimmungen der Importländer für behördliche Verzollungsabwicklungen sind im jeweils zu aktualisierenden Handbuch Konsulats- und Mustervorschriften, KuM, zusammengefasst. Es nennt die Art und Beschaffenheit aller vorzulegenden Dokumente. Z. B. auch konsularische Beglaubigungen bei bestimmten arabischen Ländern.

Die Einhaltung aller gesetzlichen Bestimmungen bedingen Fachkenntnisse und erhöhten Arbeitsaufwand. Das bedeutet höhere Personalkosten.

## 7.3 Kosten der Zertifizierung

Viele Länder und Wirtschaftsräume der Welt haben nationale oder internationale Sicherheitsnormen und Qualitätsstandards für ihre Märkte entwickelt. Importeure müssen nachweisen, dass sie bei der Belieferung dieser Länder die dort geforderten Sicherheitsstandardnormen einhalten.

Da gibt es z. B. in Russland, Kasachstan und Weißrussland GHOST-Standards, in China die CCC-Standards, in Amerika die UL-Standards usw.

Exporteure müssen nachweisen, dass ihr Produkt den Normen und Standards des Ziellandes entspricht.

In Deutschland gibt es den TÜV oder die SGS Group, die derartige Zertifizierungen im Auftrage von Exporteuren durchführen.

Zum Nachweis der durchgeführten Zertifizierung werden Prüfzeichen oder Prüfziegel oder schriftliche Markierungen an Produkten, Maschinen, Fahrzeugen usw. angebracht, die die Einhaltung bestimmter Sicherheits- oder Qualitätskriterien anzeigen. Je nach Gegenstand werden sie nach einmaliger oder regelmäßig wiederkehrender Prüfung angebracht bzw. erneuert.

**Tab. 7.1** Dienstleistungen im Bereich Zertifizierung/Deklarierung/Projektabwicklung. (Quelle: kiwa Partner for progress)

| Genehmigung | Produkte | Kosten |
|---|---|---|
| TR-Zertifikat (Laufzeit 5 Jahre) | Maschinen und Anlagen | 5000–8000 € |
| TR-Zertifikat (einmalig, projektbezogen) | Maschinen und Anlagen | 3000–5000 € |
| RTN-Zulassung (Laufzeit 5 Jahre) | Maschinen und Anlagen | 6000– … € |
| Staatliche Registrierung (Hygiene, fristlos) | Kosmetikerzeugnisse, Getränke, Reinigungsmittel | 5000– … € |
| Metrologisches Zertifikat (Laufzeit 5 Jahre) | Messtechnik | 5000–8000 € |
| GOST-R Zertifikat (Laufzeit 3 Jahre) | Elektroausrüstung, Bauprodukte | 4500–6500 € |
| GOST-R Zertifikat (einmalig, projektbezogen) | Elektroausrüstung, Bauprodukte | 4500–6500 € |
| Registrierung von Medizingeräten (fristlos) | Projektbegleitung/Investitionsprojekt | 5500– … € |
| Projektierung, Baugenehmigung | | Projektabhängig |

**Höhe der Kosten**
Die Kosten für die Zertifizierung sind vom Produkt bzw. Projekt abhängig. In Tab. 7.1 sind für verschiedene Zertifizierungsnotwendigkeiten Kostenrahmen aufgeführt. Diese Tabelle zeigt nur die ca. Kosten für Zertifizierung. Diese sind vom Produkt bzw. Projekt abhängig.

## 7.4 Zusatzkosten für Gewährleistung

Unter Gewährleistung bzw. Mängelhaftung versteht man Ansprüche, die dem Käufer im Rahmen eines Kaufvertrages zustehen, bei dem der Verkäufer eine mangelhafte Ware oder Sache geliefert hat.

### Einzelheiten
Im Gegensatz zur (freiwilligen) Garantie gehört die Mängelhaftung zum gesetzlichen Standardinhalt eines Kaufvertrages. Grundsätzlich sind die entsprechenden gesetzlichen Regelungen aber dispositives Recht und können daher durch Vereinbarung zwischen Verkäufer und Käufer eingeschränkt oder gar ganz ausgeschlossen werden.

Gesetzsystematisch ist die Nacherfüllung, d. h. die Beseitigung des Mangels, den anderen Gewährleistungsrechten vorrangig. Die Nacherfüllung ist auf zweierlei Art möglich: Zum einen durch die Lieferung einer neuen Sache (Nachlieferung, Austausch) oder durch die Beseitigung des Mangels (Nachbesserung, z. B. Reparatur).

Welche Art der Nacherfüllung zu erbringen ist, bestimmt grundsätzlich der Käufer und nicht der Verkäufer.

**Höhe der Kosten**

Speziell unter dem Gesichtspunkt der Nachbesserung sind bei Maschinen/Anlagen andere Kosten in Ansatz zu bringen, wenn das Produkt ins Ausland geliefert wurde, als wenn es im heimischen Markt ausgeliefert wurde. Höhere Reisekosten, Reisedauer, Reisespesen, wirken sich kostenerhöhend aus.

## 7.5 Kosten für Transportverpackung

Transportverpackungen bzw. Versandverpackungen sind Verpackungen, die den Transport von Waren erleichtern, die Waren auf dem Transport vor Schäden bewahren oder die aus Gründen der Sicherheit des Transportes verwendet werden.

Da im Gegensatz zum Inlandsversand beim Exportversand in aller Regel andere Beanspruchungen auf das Transportgut einwirken (Klima, Seewasser, Umschlag und Lagervorgänge usw.) sind hier spezielle Verpackungen erforderlich.

Exportverpackungen werden heute nach den Richtlinien des HPE gefertigt. Der Bundesverband Holzpackmittel, Paletten, Exportverpackungen (HPE) e.V. ist ein Fachverband mit bundesweit rund 320 Unternehmen aus allen Bereichen der Holzpackmittelindustrie.

**Höhe der Kosten**

Exportverpackungen verursachen häufig einen wesentlich höheren Kostenaufwand, als dies bei im Inland verwendeten Verpackungen notwendig ist. Hier sind Angebote von spezialisierten Unternehmen einzuholen.

## 7.6 Kosten der Produkthaftung

Es handelt sich um eine verschuldungsunabhängige Haftung (Gefährdungshaftung) des Herstellers für Schäden aus der Benutzung eines von ihm in den Verkehr gebrachten fehlerhaften Produktes, und zwar für Personen und Sachschäden.

**Einzelheiten**
Die Produkthaftung setzt weder einen Vertrag zwischen dem Hersteller und dem Endverbraucher voraus, noch ist ein Verschulden für die Haftung des Herstellers erforderlich.

Die Produkthaftungsregelungen sind aufgrund einer EG-Richtlinie in allen EU-Mitgliedsstaaten vergleichbar formuliert.

Jedoch gibt es außerhalb der EU bestimmte Länder (z. B. die USA). Hier können die Schadenersatzsummen Millionenhöhen erreichen. Außerdem sehen sich die Unternehmen deutlich häufiger mit Produkthaftungsklagen konfrontiert.

Die Produkthaftungsgesetze in Europa und den USA an sich sind nicht so unterschiedlich. Im amerikanischen Recht ist jedoch die Idee verankert, dass der Geschädigte als Bestrafung für den Verursacher des Schadens deutlich mehr Geld verlangen kann, als der Schaden beträgt. Dieser Schadenersatz ist in Europa fremd.

Außerdem sind die Anwälte in den USA teurer und es sind hier Erfolgshonorare üblich. Darüber hinaus trägt jede Partei ihre eigenen Kosten, auch wenn sie vor Gericht siegt.

**Höhe der Kosten**
Es sollte geprüft werden, ob insbesondere für die Lieferungen in die USA eine Produkthaftungsversicherung abgeschlossen wird und zu welchen Konditionen dies möglich ist. Die Deckungssumme sollte „ausreichend" in Ansatz gebracht werden. Darüber hinaus ist zu beachten, dass das Risiko der Produkthaftung sich evtl. auf den Vertragspartner verlagern lässt. Die Chancen hierzu stehen jedoch schlecht.

Die Erfüllung von Sicherheitsstandards ergibt nach amerikanischem Recht noch kein „Safeproduct", sondern gilt vor Gericht höchstens als ein Indiz dafür.

Eine eigene Tochtergesellschaft kann das Mutterunternehmen in Deutschland nicht ganz vor Klagen wegen Produkthaftung schützen. Haften muss letztendlich das herstellende Unternehmen.

## 7.7 Kosten für notarielle Registrierung

Um die Rechtswirksamkeit bestimmter Geschäftsaktivitäten zu begründen, sind in verschiedenen Ländern notarielle Handlungen/Registrierungen notwendig.

**Einzelheiten**
Der Eigentumsvorbehalt ist in Deutschland ein sehr wichtiges Sicherungsinstrument für den Verkäufer einer Ware, mit dem er sich das Eigentum am Kaufgegenstand bis zur vollständigen Bezahlung des Kaufpreises vorbehält. Sobald ein grenzüberschreitender Sachverhalt vorliegt, wird die Situation jedoch schwierig. Die ausländischen Rechtsordnungen haben meist ein anderes Verständnis des Eigentumsvorbehaltes. Der Ort, an dem sich die Ware befindet (lex rei sitae) entscheidet nämlich über das anwendbare Recht und es gelten im Ausland besondere Formvorschriften, wie z. B. die Registrierung vom zuständigen Gericht bzw. eine notarielle Beurkundung. So ist es z. B. in Polen erforderlich, notariell das Lieferdatum bestätigen zu lassen. In Italien ist der Eigentumsvorbehalt in einer notariellen Urkunde niederzulegen, ähnliches gilt in Spanien usw. Nähere Informationen hierzu können einer CD-ROM entnommen werden (Der Eigentumsvorbehalt über Warenlieferungen in das Ausland), die bei der IHK Offenbach erhältlich ist.

**Höhe der Kosten**
Die Höhe der Kosten ist in der Gebührenordnung des jeweiligen Landes festgelegt.

## 7.8 Kosten der Qualitätsabnahme

Ausländische Abnehmer verlangen häufig Bestätigungen z. B. über Güte, Anzahl, Zusammensetzung und Beschaffenheit der bestellten Ware, die von einem neutralen Sachverständigen angefertigt werden muss. Die Gründe hierfür liegen in der vereinbarten Zahlungsabwicklung, die in einigen Fällen Zahlung vom Käufer verlangt, bevor er die Ware sehen und prüfen kann.

**Einzelheiten**
Qualitätszertifikate/Qualitätszeugnisse (Certificate of Quality) sind Bescheinigungen des Herstellers bzw. Lieferanten einer Ware, welche z. B. die Verwendung einwandfreier vertragsgemäßer Materialien bei der Herstellung bestätigen. Diese Qualitätszertifikate werden häufig auch benötigt im Rahmen der Abwicklung von

Akkreditiven, um die einwandfreie Beschaffenheit der Ware im Sinne des Kaufvertrages zu bescheinigen. Aus dem Zertifikat muss zweifelsfrei auf jeden Fall positiv hervorgehen, dass die Ware in Ordnung ist.

Für die Erstellung von Qualitätszertifikaten werden international tätige Zertifizierungsfirmen eingesetzt, wie z. B. SGS Group in Hamburg.

**Höhe der Kosten**
Die Kosten eines Qualitätszertifikates werden im Wesentlichen bestimmt von dem Leistungsaufwand, den die Zertifizierungsstelle zu erbringen hat.

## 7.9 Kosten für Schutzrechtanmeldungen

Der härtere Wettbewerb, der schnellere Wandel auf den Märkten und die ständig steigende Informationsmenge erfordern eine regelmäßige Anpassung der Patentpolitik eines Unternehmens. Unabhängig von seiner Größe sollte jedes Unternehmen sein Produkt und Verfahren mehr denn je im In- und Ausland durch Schutzrechte absichern.

**Einzelheiten**
Gewerbliche Schutzrechte, wie Patente, Gebrauchsmuster, Geschmacksmuster und Marken, sind die einzigen zugelassenen Monopolrechte, die die eigenen Produkte gegen in- und ausländische Konkurrenz schützen und den Weg für den Export bereiten.

Jedes Schutzrecht verleiht nur in dem Land, in dem es angemeldet ist, ein Monopolrecht. Daher ist bei nahezu allen Erfindungen, die schutzrechtsfähig und wirtschaftlich interessant sind, eine Anmeldung nur im Inland nicht sinnvoll, da dann im Ausland die Erfindung kopiert werden kann. Der Patentinhaber hat im Ausland keine Rechte aus der Anmeldung im Inland.

Innerhalb von Europa kann dabei ein europäisches Patent beim Europäischen Patentamt angemeldet werden.

**Höhe der Kosten**
Die Kosten für die Anmeldung eines Patentes setzen sich aus verschiedenen Teilgebühren zusammen und können leicht € 15.000 erreichen.

## 7.10 Kosten für die Erfüllung spezifischer Länderwünsche

Exportierende Unternehmen müssen sich nicht nur laufend informieren über die Vorschriften des Zoll- und Außenwirtschaftsrechtes, sondern auch über die Vorschriften, die bzgl. der Ausfuhr aus der Europäischen Union zu beachten sind. Ebenfalls müssen sie die Einfuhrbestimmungen in Drittländern im Auge behalten.

**Einzelheiten**
In einer Vielzahl von Ländern gibt es besondere Einfuhrbestimmungen für einzelne Warenarten und Verpackungs- und Markierungsvorschriften. So müssen z. B. bei der Einfuhr nach China Nachweise erbracht werden, dass die verwendeten Holzpaletten begast wurden zur Vermeidung der Einschleppung von Holzschädlingen.

Um zu verhindern, dass sich unterschiedlichste Einfuhrvorschriften entwickeln, hat die International Plant Protection Convention (IPPC) für den internationalen Versand von Verpackungen aus Vollholz die ISBM 15 erlassen.

Darüber hinaus gibt es weitere länderspezifische Vorschriften für den Import von Lebensmitteln usw. Nähere Informationen können dem Exportnachschlagewerk „K und M-Konsulats- und Mustervorschriften" entnommen werden.

**Höhe der Kosten**
Welche Kosten mit der Einhaltung der länderspezifischen Vorschriften verbunden sind, ist von Fall zu Fall zu recherchieren.

## 7.11 Kosten für IHK-, notarielle- und konsularische Beglaubigungen auf Ursprungszeugnissen

Bestimmte Länder, vor allem im arabischen Raum, schreiben solche Beglaubigungen vor, manchmal auch vorgegebene Texte.

Neben der Dokumentenerstellung entstehen häufig Zeitprobleme, wenn die Produktfertigung oder der Warenversand kurz vor dem LC-Ablauf ist und zuständige Konsulate nur in Frankfurt oder Berlin sind. Nicht selten übersteigen dann Kurierkosten die Höhe der Konsulatsgebühren von z. B. € 150,--.

**Höhe der Kosten**
Die IHK verlangt für die Beglaubigung von Ursprungszeugnissen etwa € 7,--. Notarkosten liegen darüber.

# Marketing und Sales 8

Vor dem Hintergrund der bereits dargestellten Andersartigkeit des Auslandsgeschäftes (Mentalität, Sprache, Recht u. a.) können speziell auch bei den auslandsbezogenen Marketing- und Vertriebsaktivitäten Kosten anfallen, die deutlich höher sein können, als beim reinen Inlandsgeschäft. Welche zusätzlichen Kosten sind hier evtl. zu berücksichtigen?

a. Einerseits auslandsbezogene Marketingaktivitäten. Hierzu gehören:
   - Kundenorientierte Gestaltung des Produkt- und Leistungsangebotes (Produktanpassungen, Zertifizierungen usw.)
   - Ansprechende und überzeugende Kommunikation (wie z. B. Werbung, Produktprospekte, Internetauftritt, Verkaufsunterlagen, Messeauftritte)
   - Aufbau und Pflege einer bestmöglichen Distribution
   - Aufbau eines zuverlässigen After-Sales-Services
b. aber auch die auslandsbezogen Distribution. Hierzu zählen:
   - Akquisition und Zusammenarbeit mit ausländischen Vertriebspartnern (Vertreter, Händler)
   - Logistische Aktivitäten, um die Verfügbarkeit des Produkt- und Leistungsangebotes beim Kunden sicher zu stellen

Aus diesen verschiedenen notwendigen Aktivitäten können die Abhängigkeit vom Produktangebot, vom Wettbewerb und vom Zielland folgende zusätzliche Kosten entstehen:

- Personalkosten
- Reisekosten
- Zertifizierungskosten

- Übersetzungskosten
- Messekosten
- Transportkosten
- Lagerkosten
- Verpackungskosten
- Provisionen
- Spesen
- Kosten Marktforschung

Je nach Land sollten diese Kosten erfasst und im Verkaufspreis berücksichtigt werden.

# Verhandlungen 9

## 9.1 Verhandlungsmargen

Es ist bekannt, dass der Verkäufer von Produkten oder Leistungen nicht sofort einen Auftrag vom potenziellen Käufer erhält. Üblicherweise versucht der interessierte Käufer einen Preisnachlass zu erhalten, bevor er den Auftrag erteilt.

Durch diesen Preisnachlass wird der Gewinn des Verkäufers geschmälert bzw. die Marge des Distributors.

Da die Verhandlungsgepflogenheiten von Land zu Land unterschiedlich sind, von der Mentalität des potenziellen Kunden ebenso beeinflusst werden, wie von der Stärke des Wettbewerbs, ist es sinnvoll und notwendig, im Angebotspreis einen Aufschlag vorzusehen (= Verhandlungsmarge), der im Rahmen von Preisverhandlungen als Rabatt oder Nachlass verwendet werden kann.

Länder- bzw. branchenspezifische Besonderheiten können hierzu u. a. von Fachverbänden bzw. von deutschen Auslandshandelskammern eingeholt werden.

## 9.2 „Nützliche" Abgaben

Die in früheren Jahren häufig beobachteten Wünsche des Auftraggebers bzw. eingeschalteter Vermittler, einen bestimmten Betrag vom Verkaufspreis als persönliche Zuwendung („nützliche" Abgabe) zu erhalten, kann auch heute noch in vielen Ländern beobachtet werden. Nähere Informationen über diese infrage kommenden Länder sind u. a. im aktuell Corruption Perceptions Index (CPI) festgehalten, der von der „Transparency International Deutschland e. V." jährlich herausgegeben wird. Im Index für das Jahr 2015 rangierten Unternehmer/Organisationen aus nordeuropäischen Ländern in einer Spitzenposition (niedrige Korruptionswahrnehmung), verschiedene afrikanische und asiatische Länder nahmen eine Spitzenposition ein (hohe Korruptionswahrnehmung).

Da in früheren Jahren die Gewährung „nützlicher" Abgaben (NA) in Deutschland sogar noch als Werbungskosten steuerlich absetzbar waren, ist u. a. mit der Verabschiedung der OECD-Convention gegen Bestechung ausländischer Amtsträger (1999) die Absetzbarkeit von Bestechungsgeldern untersagt und strafrechtliche Maßnahmen vorgeschrieben (IntBestG = Bundesgesetz zur Bekämpfung internationaler Bestechung, vom September 1998).

## 9.3 Preisverhandlungen unter Berücksichtigung der *Incoterms*

**Definition**
Incoterms stellen sowohl bei Inlandsgeschäften, insbesondere aber bei Auslandsgeschäften eine wichtige kostenbeeinflussende Größe dar. Insofern beeinflussen die Incoterms auch den Angebotspreis meist in erheblichem Umfange, insbesondere wenn der Kunde ein Angebot auf der Basis DAT oder DAP, insbesondere aber von DDP, vom Lieferanten verlangt.

Ein Preisnachlass wird meist vom gesamten Angebotspreis erwünscht.

**Problemstellung**
Ein Preisnachlass von z. B. 5 % auf den angebotenen DDP-Preis, kann dazu führen, dass der in den Verkaufspreis einkalkulierte Gewinn mehr als verloren gehen kann.

> **Beispiel**
> Ein mittelständischer Medizintechnikproduzent lernte auf einer Fachmesse in Moskau den Verwaltungsleiter eines großen russischen Krankenhauses kennen. Der Verwaltungsleiter bat um ein Angebot DDP Moskau (geliefert, verzollt Moskau), was seitens des deutschen Geschäftspartners auch erfolgte. Nachdem man sich bezüglich aller vertraglichen Details geeinigt hatte, verlangte der russische Geschäftspartner einen deutlichen Preisnachlass.

**Preisverhandlungen unter Berücksichtigung von Incoterms**
Vorsicht bei einem Preisangebot DDP!
Ihre Kalkulation könnte wie folgt aussehen:

## 9.3 Preisverhandlungen unter Berücksichtigung der *Incoterms*

| Kalkulatorische Selbstkosten | 50 |
|---|---|
| + Gewinn (10 %) | 5 |
| = Barverkaufspreis (EXW) | 55 |
| + Kosten für Transport, Versicherung, Handling bis Bestimmungsort | 20 |
| = Preis DAP Bestimmungsort | 75 |
| + Kosten Zoll/Verzollung | 25 |
| = Preis DDP Bestimmungsort | 100 |
| ./. Preisnachlass von 5 % auf DDP-Preis | 5 |
| ./. Preisnachlass von 5 % auf EXW-Preis | 5 |

Ist Ihnen der kalkulatorische Gewinnaufschlag bekannt (im Beispiel 5)?
Sind Ihnen die durch Lieferung verbundenen Kosten bekannt (im Beispiel 20)?
Sind Ihnen die mit der Verzollung verbundenen Kosten bekannt (im Beispiel 25)?
Ist Ihnen die verbleibende Gewinnmarge bekannt, wenn

- Sie auf Preisbasis DDP einen Nachlass von 5 % geben (im Beispiel 5)?
- Sie auf der Preisbasis EXW einen Preisnachlass von 5 % geben (im Beispiel 2,5)?

Ist Ihnen bewusst, dass Sie bei der Klausel DDP oder bei anderen Klauseln, die einen hohen Fremdkostenanteil aufweisen (z. B. DAT und DAP) auf der Basis des angebotenen Verkaufspreises keinen Nachlass geben sollten?
Ist Ihnen bewusst, dass Sie bei diesen Incoterms-Klauseln, die einen hohen Fremdkostenanteil aufweisen, immer den Preis „EXW" als Verhandlungsbasis benennen sollten?

# Kalkulation des Exportpreises 10

**Definition**

Ziel der Preisstellung ist es, dem Exporteur bei voller Kostendeckung einen ausreichenden Absatz und einen angemessenen Gewinn zu ermöglichen.

Erhält z. B. ein deutscher Exporteur von einem chinesischen Unternehmen eine Preisanfrage über eine Lieferung DEQ Shanghai, so muss der Exporteur alle Kosten in seiner Exportkalkulation aufführen, die bis zur Ablieferung im chinesischen Hafen entstehen. Der Exporteur kann hier von seinem Preis ab Werk ausgehen und muss auf diesen Preis die erforderlichen Zuschläge aufschlagen. Der Anteil dieser Zuschläge am reinen Warenwert kann je nach Lieferbedingung und Zahlungsziel erheblich sein.

Die Exportkalkulation umfasst daher alle kostenwirksamen Maßnahmen des Exporteurs für den Verkauf seiner Ware auf dem Auslandsmarkt. Es beginnt mit dem Verkaufspreis des Herstellers im Inland (EXW) und endet je nach Lieferbedingung mit dem Verkaufspreis am benannten Lieferort auf dem Auslandsmarkt.

**Problemstellung**

Immer wieder kann beobachtet werden, dass kleinere Unternehmen den Exportpreis kalkulieren, indem sie auf den im Inland gültigen Ex-Works-Preis (EXW) einen pauschalen Kalkulationsaufschlag aufschlagen, ohne die mit dem Export verbundenen Kosten im Einzelnen zu kalkulieren.

Dies kann dazu führen, dass mit dem Exportpreis keine Kostendeckung erreicht wird.

---

Dieses Kapitel basiert auf Brenner et al. 2013.

## 10.1 Checklisten

> **Beispiel**
>
> Ein mittelständisches Unternehmen in München erhielt nach der Teilnahme auf der Messe „Germany on the Gulf" die Anfrage eines Importeurs aus Saudi-Arabien. Angeboten werden sollten fünf Maschinen mit der Lieferbedingung „Geliefert, verzollt Riyadh".
>
> Folgende Kostenelemente wurden von dem Unternehmen für dieses Geschäft ermittelt:
>
> | | |
> |---|---|
> | Materialkosten | 30.000 € |
> | Lohnkosten | 22.500 € |
> | Personalnebenkosten | 16.875 € |
> | Summe Selbstkosten | 69.375 € |
> | Gewinn 20 % | 13.875 € |
> | Kosten für seemäßige Verpackung | 6750 € |
> | Kosten für Beglaubigungen/Legalisierungen | 1000 € |
> | Transport bis Hamburg/Längsseite Schiff | 5500 € |
> | Kai-Umschlaggebühren | 1000 € |
> | Seefracht | 16.000 € |
> | Transportversicherung Seefracht | 3000 € |
> | Hafenumschlag im Bestimmungshafen | 4000 € |
> | Landtransport bis Riyadh | 6000 € |
> | Eingangsabgaben in Saudi-Arabien | 3500 € |
>
> Hiermit konnte folgende Kalkulation erstellt werden:
>
> | | | |
> |---|---|---|
> | Selbstkosten ab Werk unverpackt | | 69.375 € |
> | + Gewinn | | 13.875 € |
> | + seemäßige Verpackung | | 6750 € |
> | + Beschaffung der Dokumente | | 1000 € |
> | = Angebotspreis ab Werk | EXW | 91.000 € |
> | + Transport bis Hafen Hamburg | | 5500 € |
> | = Angebotspreis frei Längsseite Schiff | FAS | 96.500 € |
> | + Kai-Umschlaggebühr | | 1000 € |
> | = Angebotspreis frei an Bord | FOB | 97.500 € |
> | + Frachtkosten bis Bestimmungshafen | | 16.000 € |
> | = Angebotspreis frei Bestimmungshafen | CFR | 113.500 € |
> | + Seetransport-Versicherung | | 3000 € |

## 10.1 Checklisten

| | | |
|---|---|---|
| = Angebotspreis frei Bestimmungshafen, versichert<br>+ Umschlagkosten Bestimmungshafen<br>+ Transportkosten bis Riyadh | CIF | 116.500 €<br>4000 €<br>6000 € |
| = Angebotspreis frei Riyadh, unverzollt<br>+ Eingangsabgaben Saudi-Arabien | DAP | 126.500 €<br>3500 € |
| = Angebotspreis geliefert, verzollt | DDP | 130.500 € |

Prüfen Sie gemäß nachfolgendem Grundschema einer Exportkalkulation – Landtransport die jeweils zu berücksichtigenden Kosten.

| Kalkulation des Exportpreises – Preisstellung bei Lkw-/Eisenbahntransport | |
|---|---|
| 1. Herstellkosten Export<br>– Ausfuhrerstattung | |
| 2. = Selbstkostenwert „Export Drittland"<br>+ Gewinnzuschlag<br>+ Verpackungskosten Export<br>+ Kosten Warenprüfung | |
| 3. = Verkaufswert „Export" ab Werk<br>+ Spediteurdokumente<br>+ Speditionskosten – Versandspediteur<br>+ Speditionsversicherung – Versandspediteur<br>+ Rollfuhr/Vorlaufkosten<br>+ Terminalkosten<br>+ Verladekosten | EXW |
| 4. = „Frei Frachtführer … benannter Ort (Lkw/Bahn)"<br>+ Ausfuhrdokumente<br>+ Ausfuhrzollabfertigung<br>+ Ausfuhrabgaben<br>+ Miete für Kleinbehälter, Paletten usw.<br>+ Transportkosten bis Bestimmungsort<br>+ Transitdokumente bei Transit | FCA |
| 5. = Verkaufswert „Frachtfrei … benannter Bestimmungsort"<br>+ Transportversicherung für den Empfänger | CPT |
| 6. = Verkaufswert „Frachtfrei versichert … benannter Bestimmungsort"<br>+ Einfuhrdokumente<br>+ Transportkosten bis Werk des Käufers | CIP |
| 7. = Verkaufswert „Geliefert … benannter Bestimmungsort unverzollt"<br>+ Einfuhrzollabfertigung<br>+ Einfuhrabgaben<br>+ Einfuhrumsatzsteuer | DAP |

| | |
|---|---|
| 8. = Verkaufswert „Geliefert ... benannter Bestimmungsort verzollt"<br>+ Eigene Transportversicherung bis Übergabeort | DDP |
| = Zielverkaufswert | |

Prüfen Sie gemäß nachfolgender Kalkulation eines Seetransportes die jeweils zu berücksichtigenden Kosten.

| Kalkulation des Exportpreises – Preisstellung bei Schiffstransport | |
|---|---|
| 1. Herstellkosten Export<br>- Ausfuhrerstattung | |
| 2. = Selbstkostenwert „Export Drittland"<br>+ Gewinnzuschlag<br>+ Verpackungskosten Export<br>+ Kosten Warenprüfung | |
| 3. = Verkaufswert „Export" ab Werk<br>+ Kosten ab Werk bis Überseehafen<br>Spediteurdokumente, Speditionskosten – Versandspediteur, Speditionsversicherung – Versandspediteur, Rollfuhr/Vorlaufkosten oder Bahnfracht bis „Abgangstation", Versanddokumente, evtl. Hafengebühr, Kosten Zwischenlagerung, Auslieferungsdokumente<br>+ Ausfuhrdokumente<br>+ Ausfuhrzollabfertigung<br>+ Ausfuhrabgaben<br>+ Entladekosten | EXW |
| 4. = Verkaufswert Überseehafen „Frei Längsseite Schiff ... benannter Verschiffungshafen"<br>+ Kosten Seehafen<br>Lagergeld, Umschlagkosten – Beladekosten an Bord, Kosten Kai- und Hafenbetriebe, Kosten Seehafenspediteur, evtl. Konnossementspesen, Verschiffungsprovision, Konsulatsgebühren | FAS |
| 5. = Verkaufswert „Frei an Bord ... benannter Verschiffungshafen"<br>+ Kosten Seetransport<br>Verschiffungsprovision gemäß SST, Seefracht, Konnossementgebühren, Formulare (evtl. Konsulatsgebühren, evtl. Ladelöschkosten, wenn vereinbart) | FOB |
| 6. = Verkaufswert Überseehafen „Kosten und Seefracht ... benannter Bestimmungshafen"<br>+ See-Transportversicherung für den Empfänger | CFR |
| 7. = Verkaufswert Überseehafen „Kosten, Versicherung und Seefracht ... benannter Bestimmungshafen"<br>+ Einfuhrdokumente (CIF inkl. Dokumente) | CIF |
| = Zielverkaufswert | |

Es ist außerdem zu prüfen, ob folgende Kosten für das vorliegende Geschäft relevant sind:

- Kosten der Finanzierung
- Kosten der Zahlungsabwicklung
- Kosten der Währungssicherung (Kurssicherung)
- Kosten der Forderungsabsicherung
- Kosten für Auslandsvertreter
- Kosten für Auslandsmarktbeobachtung
- Kosten für Auslandsmontage vor Ort
- auftragsbezogene Provisionskosten
- Gewährleistungskosten
- Kosten für zusätzliche Zertifizierung
- Kosten für notarielle Registrierung (Eigentumsvorbehalt)
- Verhandlungsmarge

**Andere Lösungsmöglichkeiten**
Bei der Kalkulation des Exportpreises ist es üblich, dass der Spediteur die Incoterms-bezogenen Kosten dem Exporteur angibt (evtl. sind Vergleichsangebote sinnvoll). Der Exporteur hat dann noch die Kosten, die nicht durch die Incoterms-Kosten abgedeckt werden, hinzuzuaddieren.

**Weitere Hilfen**
- Informationen über ICC – Internationale Handelskammer (www.iccgermany.de)
- Exportberater
- Spediteur

## Literatur

Brenner H, Fuchs B, Langenhagen A, Sefrin M (2013) Export für Einsteiger. Bundesanzeiger, Köln

The manufacturer's authorised representative in the EU is Springer Nature Customer Service Centre GmbH, Europaplatz 3, 69115 Heidelberg, Germany. If you have any concerns regarding our products, please contact ProductSafety@springernature.com

Printed and bound by CPI Group (UK) Ltd, Croydon, CR0 4YY

23/03/2026

02076460-0006